AF305769

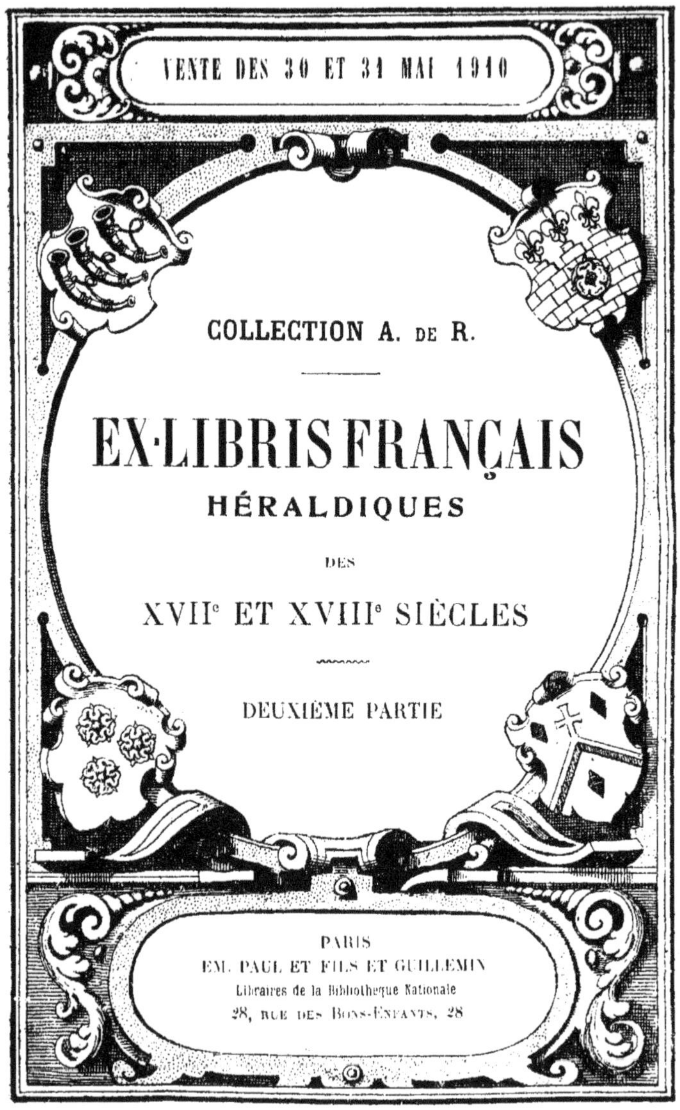
VENTE DES 30 ET 31 MAI 1910
COLLECTION A. DE R.
EX-LIBRIS FRANÇAIS
HÉRALDIQUES
DES
XVIIe ET XVIIIe SIÈCLES
DEUXIÈME PARTIE
PARIS
EM. PAUL ET FILS ET GUILLEMIN
Libraires de la Bibliothèque Nationale
28, RUE DES BONS-ENFANTS, 28

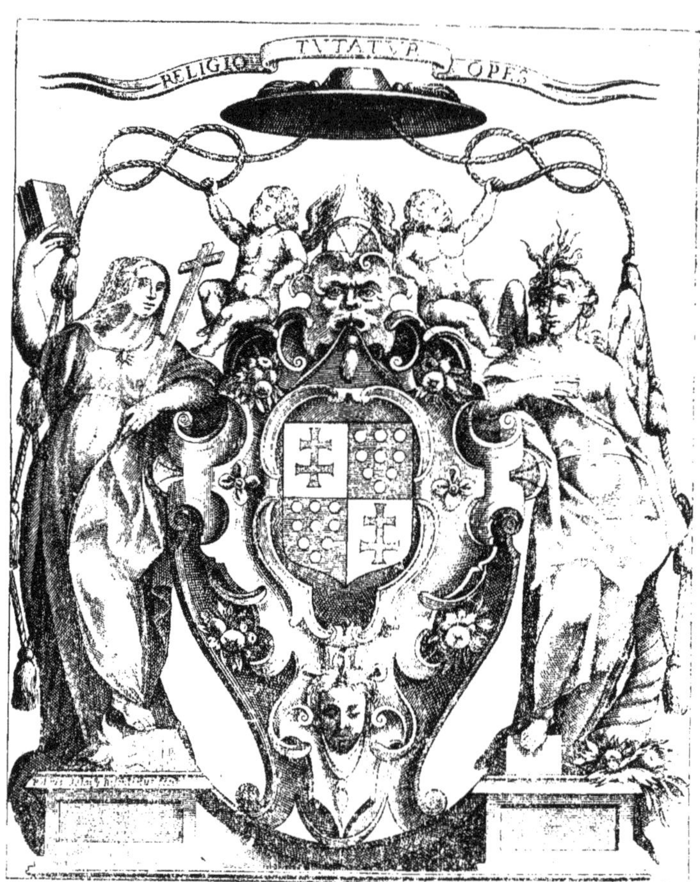

N° 459 du Catalogue.

COLLECTION A. DE R.

EX-LIBRIS FRANÇAIS

HÉRALDIQUES

DES XVIIe ET XVIIIe SIÈCLES

DEUXIÈME PARTIE

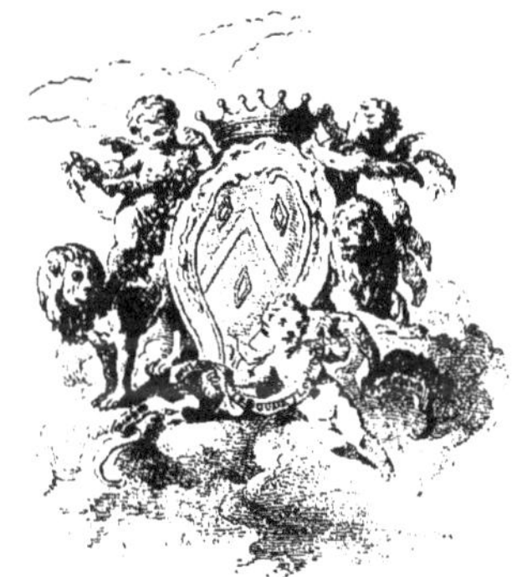

N° 812 du Catalogue.

PARIS

EM. PAUL ET FILS ET GUILLEMIN

Libraires de la Bibliothèque Nationale

28, RUE DES BONS-ENFANTS, 28

1910

EX-LIBRIS FRANÇAIS

DEUXIÈME PARTIE

LA VENTE AURA LIEU

Les Lundi 30 et Mardi 31 Mai 1910

A DEUX HEURES PRÉCISES DU SOIR

Dans les Salles de Ventes aux Enchères

DE LA LIBRAIRIE ÉM. PAUL ET FILS ET GUILLEMIN

28, rue des Bons-Enfants, 28 (Anciennes Maisons Silvestre et Labitte)

SALLE Nº 1

Par le ministère de Mᵉ **ANDRÉ DESVOUGES**, Commissaire-Priseur

26, RUE DE LA GRANGE-BATELIÈRE.

Assisté de **MM. ÉM. PAUL ET FILS ET GUILLEMIN**, Libraires-Experts

28, RUE DES BONS-ENFANTS, 28

EXPOSITION PARTICULIÈRE

Les Vendredi 27 et Samedi 28 Mai 1910

28, RUE DES BONS-ENFANTS, 28

De 3 heures à 5 heures

ORDRE DES VACATIONS

	NUMÉROS		
PREMIÈRE VACATION. — *Lundi 30 Mai 1910*	652	à	868
DEUXIÈME VACATION. — *Mardi 31 Mai 1910*	438	à	651

CONDITIONS DE LA VENTE

La vente se fait expressément au comptant.

Les acquéreurs paieront 10 pour cent en sus des enchères.

Les Experts chargés de la vente rempliront, aux conditions d'usage, les commissions des personnes qui ne pourraient y assister.

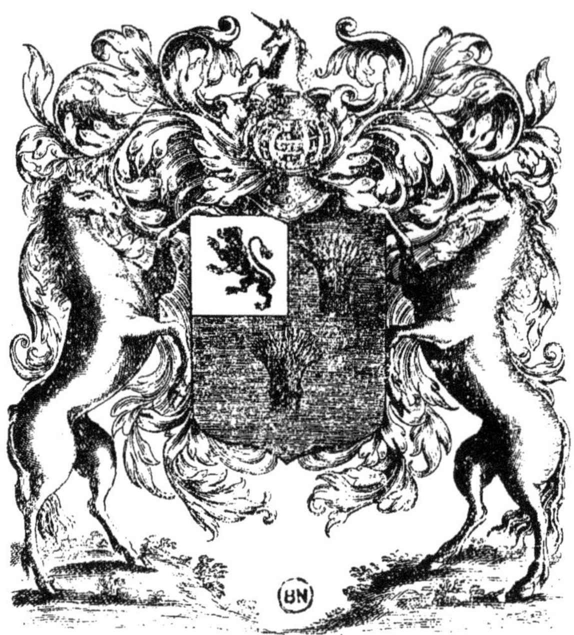

N° 449 du Catalogue.

Le classement adopté par le possesseur de cette collection a été scrupuleusement conservé pour permettre de la présenter telle qu'elle se trouvait dans ses cartons. — La plupart des pièces qui la composent sont accompagnées de notices historiques, généalogiques ou héraldiques, du plus grand intérêt, écrites sur les feuillets de bristol portant les ex-libris.

XVIIe SIECLE

BERRY

438. (**Gonthier d'Auvillar**).
Epreuve à toutes marges.

439. **Le Bègue** (Claude), à Bourges.

BOURGOGNE

440. (**Du Chesne de la Mothe**) (Jean-François).

2.

441. Fevret (Charles) ; in-8.

442. (Garadeur de l'Ecluse).
Ex-libris d'un ecclésiastique.

443. (Lebault) (Jean), conseiller au Parlement de Dijon.
Rare.

BRETAGNE

444. (Fouquet) ; in-18 de forme ronde.

445. (Fouquet) ; grand in-8.
Très rare.

446. (Fouquet) ; in-8.
Armes entourées d'une large couronne de feuilles de chêne. — Rare.

CHAMPAGNE

447. Frizon de Blamont. — 2 variantes, dont une anonyme, l'autre datée de 1694.

448. Lavisez (de), accolé de Florentin ; in-4.
Pièce fort rare.

449. (Le Cordelier de Chennevières) ; in-4.
Très rare.
Voir la reproduction à la première page du texte.

DAUPHINÉ

450. (Rose) (Toussaint), président de la Chambre des Comptes de Paris (1614-1701) ; in-4.
Très rare.
Superbe épreuve à toutes marges.

451. Lionne (de), (marquis de Claveson) ; in-8.

FLANDRE

452. Godefroy (D.). — 3 variantes in-12, in-8 et in-4.

453. Lannoy (de). — 2 variantes.

454. (Launay) (de) ; in-8.
Très rare.

FRANCHE-COMTÉ.

455. Duchesne des Vaux (Pierre), prieur de Bellevaux, gr. par *Bouchy*.

456. Durand de Gevigne(y) (Claude-François).
Mercier, n° 224.

457. Durand (de Gevigney) (Ch.-Em.), gr. par *Bouchy*.
Très rare.
Mercier, n° 225.

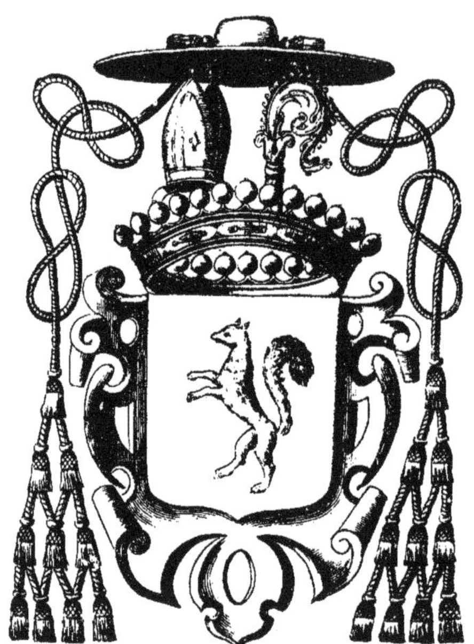

N° 145 du Catalogue.

458. (**Falletans**) (Claude-Louis de).
Mercier, n° 250 A.

459. Visitation de Belley. gr. par *Pierre de Loisy*, de Besançon ;
petit in-fol.

Superbe pièce, de la plus grande rareté, non citée dans les ouvrages sur
les ex-libris franc-comtois. L'écu porte écartelé aux 2e et 3e quartiers les
armes de la famille de Mouuet de Monsaugeon, en Franche-Comté.
Voir la reproduction sur la quatrième page de la couverture.

ILE-DE-FRANCE.

460. (**Gervais**).

461. **Gourreau de la Proustière** (François), président au Parlement de Paris : in-12.

462. **Gourreau de la Proustière** (François), président au Parlement de Paris ; grand in-4.

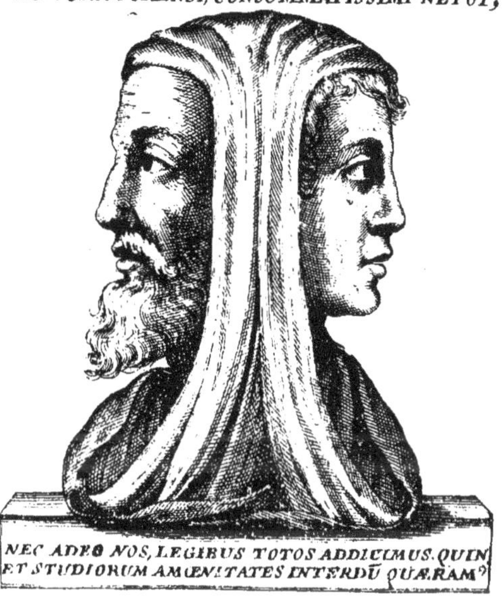

Nº 466 du Catalogue.

463. (**Guéret.**)
Épreuve à toutes marges.

464. **Guyet de la Sourdière** : in-4.
Rare.

465. **Jobert.** — 2 variantes in-12 en largeur.
Très rares.

466. **Jobert** (Janus), fils du célèbre avocat parisien.
Pièce rarissime.

467. (**Le Féron**); in-16 en largeur.

468. (**Le Féron**, seigneur d'Orville et de Louvres), gr. par (*J. Picart*); in-12.
Rare.

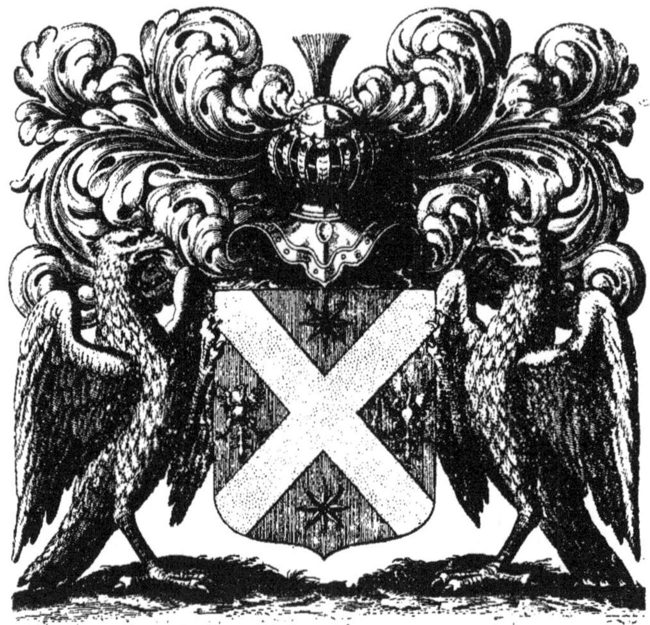

Nᵒ 469 du Catalogue.

469. (**Le Fréron**, seigneur d'Orville et de Louvres), attribué à *J. Picart*; in-4.
Rare.

470. **Le Fèvre** (Robert), maître en l'art d'écrire, 1697; in-8.
Très rare. — *Voir la reproduction à la page suivante.*

471. **Le Gendre de Saint-Aubin**, gr. par *P. Giffart.*
Epreuve à toutes marges:

472. (**Saintyon** (de).
Rare. — *Voir la reproduction à la page 11.*

LORRAINE

473. Fériet (de).

A. de Mahuet, p. 113.   Rare.

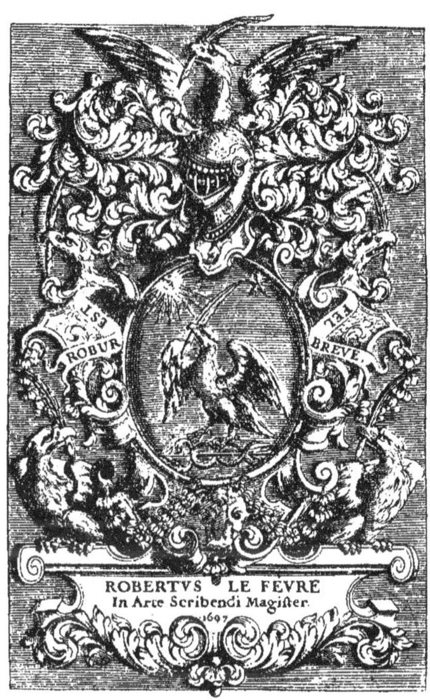

N° 470 du Catalogue.

474. Grangier (Guillaume), gr. par *J. Valdor*, à Nancy ; in-8.

Pièce de la plus grande rareté en tirage ancien. — *Voir la reproduction à la page 12.* — Épreuve à toutes marges.
On a ajouté une épreuve de la reproduction moderne.

475. (Hacquebec) (Michel-François de), chanoine de la cathédrale de Verdun.

LYONNAIS ET FOREZ.

476. (Des Hayes), gr. par *M. V. F.* ; grand in-4.

Rare.

477. **(Des Hayes)** (Nicolas-Joseph). — 2 variantes grand in-8.
Belles épreuves à toutes marges.

478. **(Jolyclerc)** (Jacques).
Épreuve à toutes marges, tirée très foncée (rare).

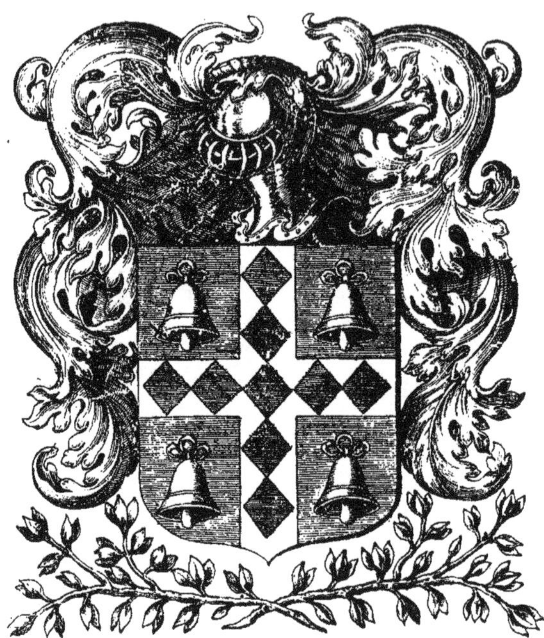

N° 472 du Catalogue.

479. **Laurens** (Jean). — 2 variantes.

480. **Ruffier** (Claude), trésorier de France à Lyon; in-4.

NORMANDIE

481. **Du Pont.**

482. **(Fortin de la Hoguette.)**

483. **Gréard** (Louis), (avocat au Parlement de Rouen, mort en 1686).
Épreuve à toutes marges.

484. La Place (Nicolas de), abbé de Saint-Etienne (et du Val-Richer), aumônier de la Reine Marie de Médicis.

Très rare.

485. (Picquefeu) (de).

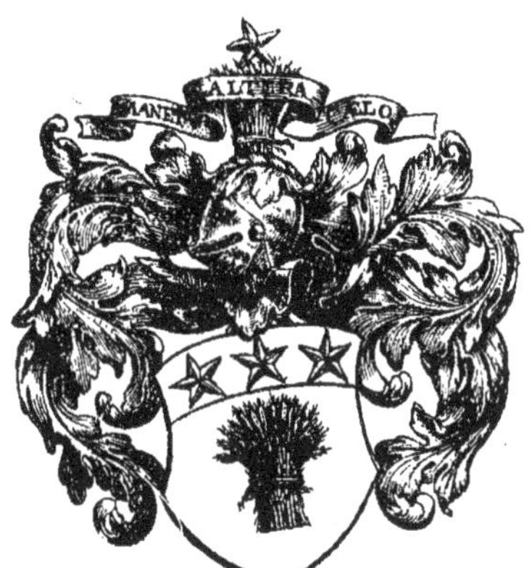

N° 474 du Catalogue.

ORLÉANAIS

486. Félibien (André), sieur des Avaux, historiographe du Roy. — 2 variantes.

487. (La Rivière de Mauny) ; in-8.

Rare.

PICARDIE

488. Drouyn d'Apoigny (Louis), trésorier de France à Soissons, 1643 ; signé des initiales *N. Φ. Δ.* et *Φ. N. R. B.* ; in-8.

489. (**Laistre**) (de), par *M. Tavernier* ; in-4.

> Très rare.

POITOU

490. (**La Trémoille**) (de) ; in-4 ovale en largeur.

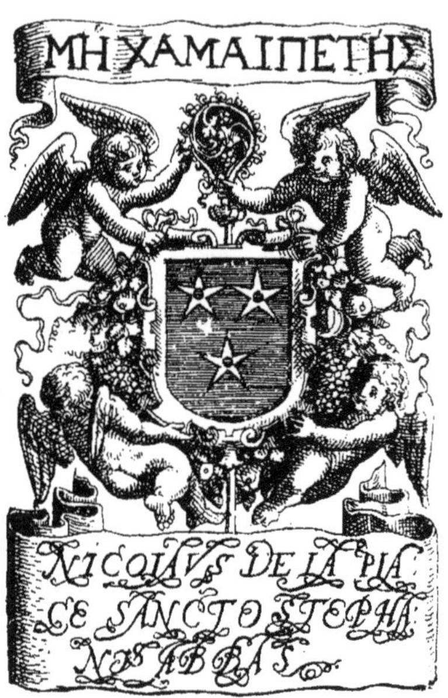

Nᵒ 484 du Catalogue.

491. **La Trémoille** (Marie de La Tour d'Auvergne, duchesse de) ; in-4.

> Très belle et très rare pièce.

PROVINCES DIVERSES

492. **Anonyme**. *(D'argent, au chevron d'or accompagné en pointe d'un arbre, au chef chargé de 2 croissants.)*

> Epreuve à toutes marges.

493. **Anonyme**. *(D'argent, au chevron de sable accompagné en*

3.

*pointe d'une tête de lion du même et en chef d'un croissant de
queules accosté de 2 trèfles de sinople)* ; petit in-8.

494. **Anonyme.** *(D'argent à une foi accompagnée en chef de
3 étoiles et en pointe d'une mer* ; au-dessous un cartouche renfermant un monogramme.)
    Epreuve à toutes marges.

495. **Anonyme.** *(D'azur à 3 coquilles d'argent* ; accolé *d'azur au
lion passant accompagné en chef d'un croissant d'argent.)*
    Ex-libris d'un abbé.

496. **Anonyme.** *(D'azur à une foi tenant un rosier fleuri)* ; in-4.

497. **Anonyme.** *(D'azur, à 3 têtes de loup arrachées d'argent)*, avec
la devise : *In manus tuas Domine sortes meæ*, par *J. de Courbes* ;
grand in-4.
    Pièce fort rare, décrite par *Poulet-Malassis* (p. 17).
    Epreuve à toutes marges.

498. **Anonyme.** *(D'azur à la tour d'or* ; accolé *d'azur au lion d'or
accompagné en chef de deux étoiles d'or)* ; in-8 en largeur.
    Ex-libris d'un abbé.

499. **Anonyme.** *(Ecartelé : aux 1 et 4, d'argent à 3 pigeons (?) à la
bande brochante ; aux 2 et 3, de sable au chevron d'argent au
chef d'argent chargé d'un lion issant* ; devise : Εὐτάξα πιστος και φιλα),
gr. par *Sarret.*

500. **Anonyme.** *(Ecartelé : aux 1 et 4, d'azur à la bande d'argent
chargée de 3 coquilles de sable ; au 2, chevronné d'argent et de
gueules ; au 3 d'argent à 6 billettes de sable).*

501. **Anonyme.** *(Parti : au 1 d'azur au chevron d'argent accompagné en chef de 2 croissants et en pointe d'un lion ; au 2 d'argent à
la tour maçonnée d'où sort une main tenant une crosse).*
    Ex-libris d'un abbé.

502. (**Bascle de Lagrèze**) (de) en Béarn ; grand in-8.

503. **Dueil** (Antoine et Louis). — 2 variantes.

504. **Dufresne** (J.-M.). — 2 variantes, dont une *non terminée.*

505. (**Duodo**) (P.) : 1648.
    Epreuve à toutes marges.

506. (**Fleury**).
    Belle épreuve à toutes marges. — *Voir la reproduction à la page 16.*

507 (**Gontaut-Biron**) (de), en Périgord, attribué à *J. Picart.*

508. (**Gravel**) (de).
    Ex-libris d'un ecclésiastique.

509. Gravel (Robert de), seigneur de Marly et de Voivre. —
2 variantes in-8.

510. Harache (Clément).
Epreuve à toutes marges.

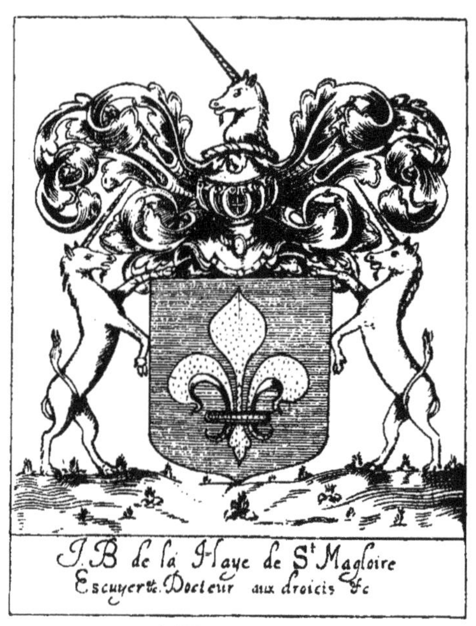

N° 515 du Catalogue.

511. Justel (de), gr. par *Jean Picart*.
Ex-libris de Christophe de Justel, auteur de l'*Histoire généalogique de la Maison d'Auvergne*. — Très rare.

512. (**Johanne de la Carre**) (Jacques de), gr. par *D. V.* ; grand
in-8.

513. (**La Cépède**) (de) en Provence.
Très rare.

514. (**La Corbière**) (Charles de), chanoine de N. D. de Paris.

515. La Haye de St Magloire (J.-B. de).
Très rare.

516. **(Lamoignon)** (Guillaume de), premier président au Parlement de Paris. — 2 variantes in-16 et in-12.

517. **(La Porte de la Meilleraie)** (Charles de), maréchal de France.
Très rare.

518. **Lasoudexbrie** (de), avocat au Parlement ; petit in-4.
Epreuve à toutes marges. — Rare.

519. **La Valette** (-**Cornusson**) (l'abbé J. de).
Epreuve à toutes marges.

520. **Le Jay** (G.-Michel).

SUISSE

521. **(Engel)** (Daniel).
Epreuve à toutes marges.

N° 506 du Catalogue.

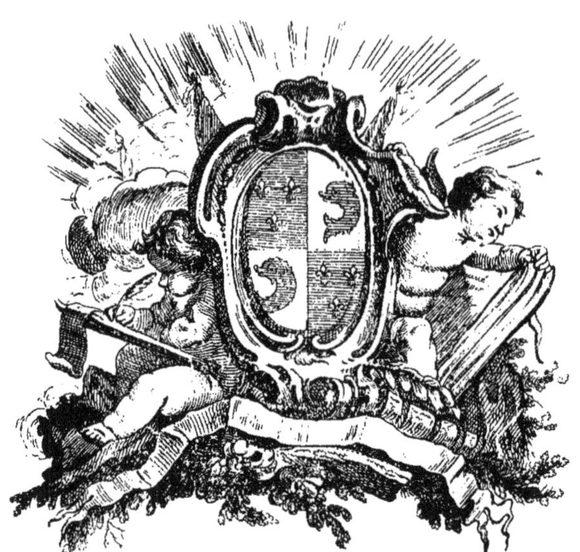

XVIIIe SIECLE

ALSACE

522. Louis (Fr.-Ph.), chanoine de l'église de Haslach, gr. par *Brichel*.

> Jolie pièce ; rare.

523. Neêf (F.-L.-J.-M.-J.), (lieutenant pour le Roi de la ville d'Altkirch).

> Epreuve à toutes marges.

524. Pfeffel (C.-F.), gr. par *Striedbeck*, à Strasbourg.

> Rare.

525. (Reinach de Foussemagne, comte de Grandvelle) (Fr.-Jos.-Ignace, baron de) ; in-4 ovale en largeur.

526. **Risler** (Josué).

527. **Rosen** (Reinhold-Charles de), gr. par *J. Striedbeck*, à Strasbourg. — 2 variantes.

> Petit raccommodage à l'angle d'une pièce.

528. **Salzmann** (F.-R.), gr. par *Wachsmut*.

> Très bel intérieur de bibliothèque.

529. **Spielmann** (Jacob-Reinbold), gr. par *J. Striedbeck*, à Strasbourg ; in-8.

530. **Lauth** (Thomas). — (LEPAPE DE TRÉVERN), évêque de Strasbourg ; étiquette. — MARTINEZ, avocat à Strasbourg ; étiquette. — MATHIEU (DE VIENNE), subdélégué. — (Polycarpe) MULLER, gr. par de *Montalegre*. — N. MULTZ. — (NOBLAT). — G. de REYNOLD, gr. par *Striedbeck*. — de Roos, à Schlestadt ; 3 étiquettes. — Em. RYHINER fils, — Ph.-P. SCHURER, gr. par *W(achsmut)*. — WAUCQUIER. — Ensemble 14 pièces.

ANGOUMOIS

531. (**Du Tillet**, marquis de Pannes) (Antoine-Charles) ; in-12 ovale en largeur.

532. **La Rochefoucauld** (l'abbé), archevêque d'Albi, puis de Rouen, gr. par *L. Legrand*.

533. **La Rochefoucauld** (Fr. de), marquis de Bayers, par *Saint-Aubin*.

534. **La Rochefoucauld de Magnac** (de). — LA ROCHEFOUCAULD DE MOMONT. — Ensemble 2 pièces.

535. **La Rochefoucauld** (Fréd.-Jérôme de Roye de), archevêque de Bourges, cardinal et grand-aumônier de France. — 3 variantes, dont une in-8, gr. par *N.-J.-B. de Poilly*.

536. **La Rochefoucauld** (le vicomte de). — Le duc de (LA ROCHEFOUCAULD)-LIANCOURT. — (de LA ROCHEFOUCAULD), abbé de Cluny, archevêque de Bourges ; 2 variantes. — Ensemble 4 pièces.

ARTOIS

537. (**Des Lyons de Noircarme**), par *Bayart*.

> Epreuve à toutes marges.

538. **Palisot d'Athies**. — Ambr.-Alex. PALISOT D'INCOURT ; in-8. — Ensemble 2 pièces.

539. **(Palisot de Beauvois).** — Jean-François Palisot, seigneur de Beauvois; in-12 (en vert) et in-4 (en bleu). — Ensemble 3 pièces.

540. **Saluces** (le comte de). — 3 variantes.

541. **Des Lyons de Fontenelle.** — De Ponchel. — Petitpas, gr. par *L. D. F.* — de Ramsault. — (de Recourt), gr. par *D. R.* — (de Salperwick). — Louis (Taffin) de Givenchy : 3 variantes. —

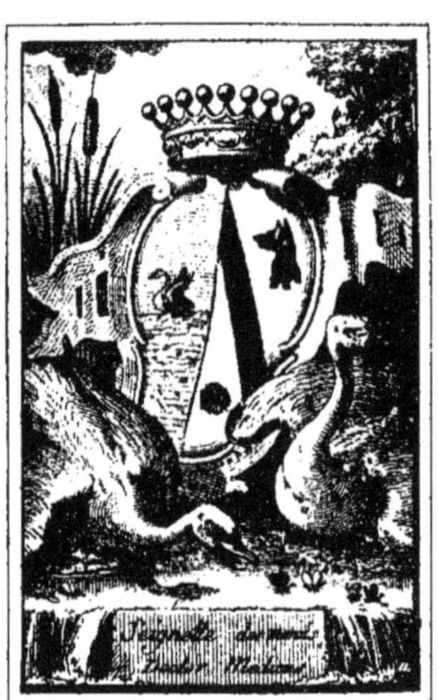

N° 545 du Catalogue.

(Villiez), gravé par son fils (*François*) *Villiez*, en 1770. — Ensemble 10 pièces.

AUNIS

542. **La Rochelle** (Bibliothèque de la ville de).

543. **(Lemouzin de Nieuil.)**
Epreuve à toutes marges.

544. **(Rabotteau.)**
Curieuse composition.

545. **Seignette des Marais.** docteur-médecin.
Pièce très rare, non citée par M. Henry-André.
Superbe épreuve à toutes marges.

BERRY

546. Berry-Cavalerie (Régiment de); [étiquette in-8 avec enca-
drement.

> *Bibliothèque établie en 1772 par les soins de M. le Mis de Lambert, colonel,
> et aux dépens de M^{rs} les Officiers abonnés.*

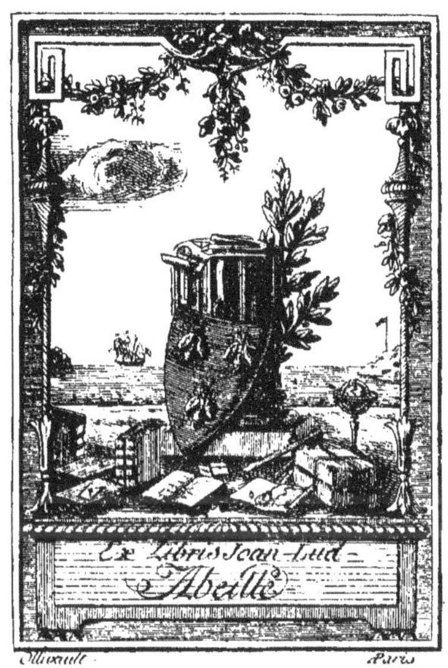

N° 554 du Catalogue.

547. (Le Normand d'Etioles) (Charles-Guillaume), mari de la
marquise de Pompadour ; pièce ovale en largeur.

> Très rare.
> Belle épreuve à toutes marges.

548. Le Normant (Jean), évêque d'Evreux. — 2 variantes in-12 et
in-4.

549. (Phélypeaux d'Herbault) (Georges-Louis de), archevêque
de Bourges ; in-12 en largeur.

550. (Pinon de Quincy) (Anne-Louis), président à mortier au
Parlement de Paris. — 2 pièces différentes.

551. Marié de Toulle ; 2 variantes. — (Montmoran de Vièvre). — Henri Pajon (de Moncet). — (La Rochefoucauld de Roye), archevêque de Bourges ; 3 étiquettes. — Ensemble 7 pièces.

BOURBONNAIS

552. (La Pasture) (le marquis de). — 2 variantes.

553. Le Lièvre de la Grange. — Isaac-Nicolas Le Noir : 2 variantes. — L'abbé (Pierre-François) Le Noir. — (de Villars). — (de Viry-la-Forest), gr. par *Wassel*. — Ensemble 6 pièces.

BRETAGNE

554. Abeille (Jean-Louis), gr. par *Ollivault* à Paris.
> Très rare.

555. Des Loges (du Closclorière.)
> Jolie pièce très bien gravée.

556. (Du Pré de Tilly.)
> Epreuve à toutes marges.

557. Lannion (le comte de), (maréchal de camp) ; petit in-8.

558. (La Roche-Héron) (de) ; in-16.

559. La Tullaye de Varenne (de).
> Epreuve à toutes marges.

560. Le Febvre, chirurgien-major du Régiment d'Autichamp Dragons, gr. par *Tardiveau*, à Redon, 1767 ; in-8.
> Très curieuse pièce à composition macabre, représentant en outre les multiples branches des sciences auxquelles s'intéressait le titulaire.

561. (Le Gac de Lansalut) ; petit in-8. gr. à l'eau-forte.
> Ex-libris militaire.
> Epreuve à toutes marges.

562. (Le Gall de Menoray (le comte).
> Très rare. — *Voir la reproduction à la page suivante.*

563. Le Gonidec de Traissan (B.). — 2 variantes, dont une in-8 en largeur.
> *Voir la reproduction à la page 23.*

564. (Le Prévost de Pressigny), gr. par (*Choffard*) d'après (*Gravelot*).

> Très rare.
> *Voir la reproduction à la dernière page du texte.*

4.

565. **Magon de Terlaye**, gr. par *Dürig* ; in-8 en largeur.
  Rare.

566. (**Nantes**) (Nouveau Cabinet de Lecture de). gr. par *L. Legrand.*
  — Société de lecture de la Fosse à Nantes, 1760. — Ensemble
  2 pièces.

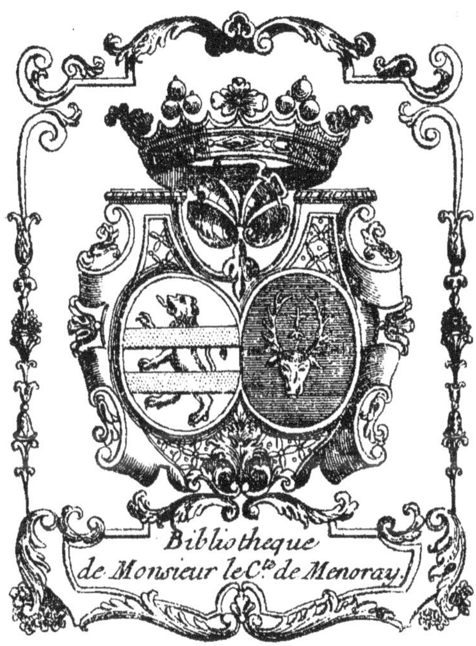

N° 562 du Catalogue.

567. **Pennamprat** (l'abbé Gourhaël de), gr. par *Descarnots* ; pet.
  in-8.

568. (**Potier de Gesvres**), (Louis-Léon) ; pet. in-8 en largeur, gr.
  par *Trudon.* — (Louis-Joachim POTIER DE GESVRES). — Le cardinal Étienne-René POTIER DE GESVRES, évêque de Beauvais ; in-8.
  — Ensemble 3 pièces.

569. **Querhoent** (de), officier de la Marine, 1777.

570. Reybier (J.-Marie) ; attribué à *Ollivault*.

Jolie composition.
Epreuve à toutes marges.

571. Roger de Vavincourt, officier de la Marine du Roy, 1766.

Epreuve à toutes marges ; la légende est manuscrite.

572. Rohan (Armand Jules de), archevêque-duc de Reims. —
3 variantes.

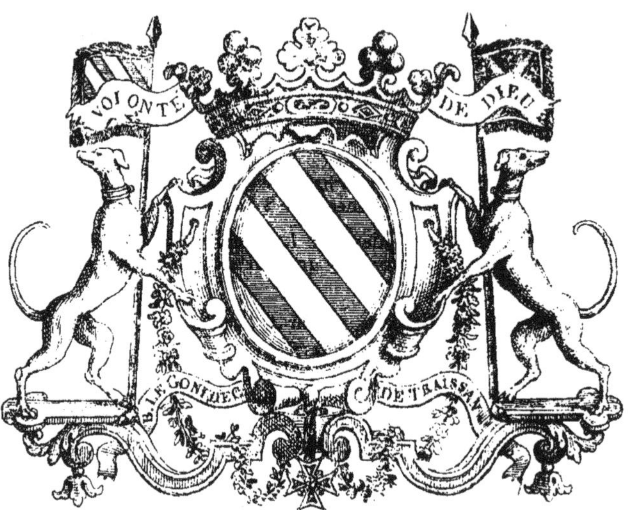

Nᵒ 363 du Catalogue.

573. Rohan (Charles, duc de), prince de Soubise, pair et maréchal
de France ; grand in-4.

Superbe pièce armoriée.

574. Saint de la Soudextrie, conseiller en la Cour des Monnaies
de Paris ; in-8 carré.

575. Thepault de Leinquelvez. — 2 variantes, dont une à
toutes marges et *avant la derise*.

576. Venerosi-Pesciolini (J.-J.), (chevalier de Saint-Louis. à
Port-Louis), accolé de Blotières, gr. par *J. Bonteu*. à Lorient.

Rare.

577. **Lamerlière** (H. de). — Le comte de La Motte-Vauvert. —
— L'abbé de Lescoet, comte de Lyon. — (Le Borgne de Kermor-
van), évêque de Tréguier. — Le Sage, chanoine de Saint-Brieuc ;
étiquette. — Pierre-Aug.-Marie Lohier. — H. Marie, de Binic ;
étiquette. — Michau de Montaran ; 3 variantes. — Ant. Pecquet.
— Picot de Closrivière. — Rivault de Champlfeury. — (Saguier
de Luigné). — Ensemble 14 pièces.

CHAMPAGNE

578. **La Coste** (le chevalier de), capitaine au Régiment de Cham-
pagne. — 2 pièces différentes.

579. **Le Poivre**, de Viliers-aux-Nœuds (Marne).

FLANDRE

580. **Lannoy** (le comte de), chanoine de Cambrai. — Le comte
Lannoy de Clervaux. — Ensemble 2 pièces.

581. **Laumonier**, avec la devise : *Le pauvre désire l'aumonier.* —
Le commissaire Laumonier, gr. par *A. Docaigne*, 1762. —
Ensemble 2 pièces.

582. **Libert de Beaumont**, gr. par *J. Derond*.

583. **Légier** (P.-B.), licencié en théologie, gr. par *Brochery*.

584. **(Le Leu)** (Pierre). — Abel (Le Leu) de la Blétonnière. —
Ensemble 2 pièces petit in-8.

585. **(Le Potier de la Hestroye.)**

586. **Lequien** fils, gr. par *Derond*.

587. **Ligny** (le chevalier Le Febvre de).
Ex-libris militaire.
Épreuve rehaussée de couleur.

588. **(Mairesse)** (Arnould-Joseph), capitaine au Régiment de la
Reine Infanterie, gr. par *Derond* : in-8.
Très rare.
Belle épreuve à toutes marges.

589. **Malatiré d'Heronval** (receveur des Épices au bureau des
Finances de Lille, 1781-1788).
Rare.

590. **Malfait** (Séraphin), négociant à Lille, par *Durig*, à Lille ;
in-8.
Très belle épreuve.

591. Nélis (Corneille-François de), évêque d'Anvers, gr. par (*P.-F. Tardieu*) ; in-4.

592. (Ognies (d').

Armoiries d'un ecclésiastique avec la devise : *Nescia sordis.*

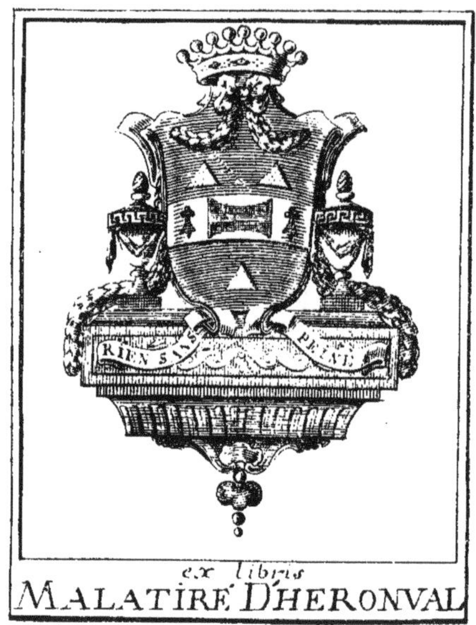

N° 589 du Catalogue.

593. Pelée de Varennes.

Epreuve à toutes marges.

594. Raparlier, gr. par *Derond,* à Lille ; in-8.

595. Ringuier (P.-J.).

Epreuve à toutes marges.

596. (Ruyant de Cambronne.)

597. Taverne (Nicolas), avocat au Parlement de Paris. — 2 variantes.

598. Taverne de Coude (Pierre-Nic.-Marie), dessiné et gr. par

Martinet. — TAVERNE DE RENESCURE. — Edmond TAVERNE. —
Ensemble 3 pièces.

599. Taverne de Niepe (Charles-Nicolas-Marie), de Dunkerque ;
petit in-4.

> Très rare.

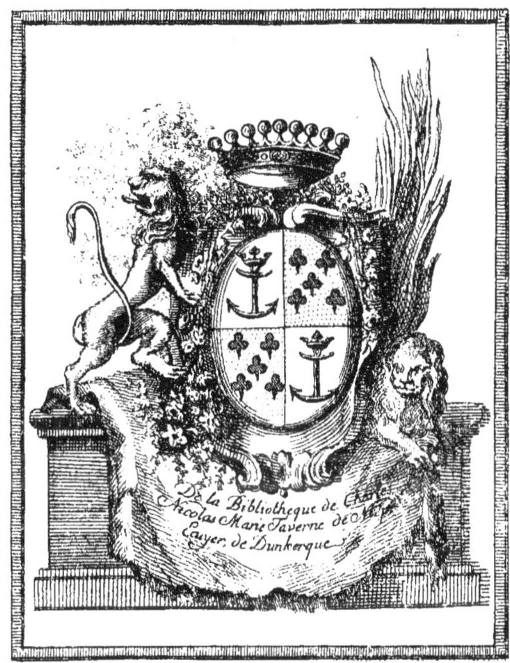

N° 599 du Catalogue.

600. (Théry) de Gricourt (l'abbé), gr. par *A. T.* à Cys. (*A. Théry,*
à Cysoing), en 1750.

> Très jolie composition.

601. Thiéry (Bernard), gr. par *Brochery.*

602. Vernimen (N.-O.-L.). — 2 variantes.

603. Wal (le baron de), vicomte d'Anthinnes ; petit in-8.

> Jolie pièce.

604. **Wallers du Sarteau** (de), trésorier de France.

605. **Wavrechin du Lompret** (François-Joseph de), conseiller au Parlement de Flandre, 1725 ; in-4 de forme ronde.

606. **Le Fébure de la Basse-Boulogne.** — (LENGLET DE SCHOE-BECK), par *J.-B. Carpentier*. — .LE PREVOST DE BASSERODE. — (LOISON) D'ARMAND. — de MASUR. — MEURISSE DE SAINT-HILAIRE. — NICOLE, conseiller (épreuve tirée en bleu). — PAPEJANS DE MORCHOVEN ; nom manuscrit dans un cartouche gr. par *F. Pilsen*. — ROUSSEAU DE L'AUNOIS. — Charles ROUSSEL ; 1760. — Ensemble 10 pièces.

607. (**Salmon de Belleverge**). — (SPAEN DE RINGENBERG). — STY-LOF DE STEENBOURG) ; 2 variantes. — de SURMONT DE BERSÉE. — TESSON. — Remy TOURNAN ; étiquette. — (VAN LATHEM). — (de VICQ). — (de VILLEGAS). — Ensemble 10 pièces.

GASCOGNE

608. **Ferragut** (Claude-François de), chanoine à Auch, gr. par *P.-P. Choffard*, 1766 ; in-8.

    Très jolie composition.
    Épreuve à toutes marges ; légère mouillure.

609. (**Marquet**, comte de Montbreton). — 2 variantes.

610. (**Marquet**, comte de Montbreton) ; in-4.

    Très rare. — *Voir la reproduction à la page suivante.*
    Épreuve à toutes marges.

611. (**Poigné**) (Ch.-Fr.), grand archidiacre de l'église de Tarbes ; in-12 en largeur.

612. (**Preissac d'Esclignac**) (le duc Henri-Thomas-Ch. de), par *Lussaut*.

613. **Vergès** (l'abbé Jean Thècle de). — 2 variantes.

    Épreuves à toutes marges.

GUYENNE

614. (**Dillon**) (Arthur-Richard de), archevêque et primat de Narbonne (gr. par *Chalmandrier*) ; grand in-8.

    Belle pièce. — Rare.

615. (**Lavie**) (Paul-Marie-Armand de), président à mortier au Parlement de Bordeaux, accolé de Dillon.

616. (**Lequien de la Neufville**) (Charles-Gabriel), directeur
général des Postes de Bordeaux et Guyenne; petit in-8 en
largeur.

Epreuve à toutes marges.

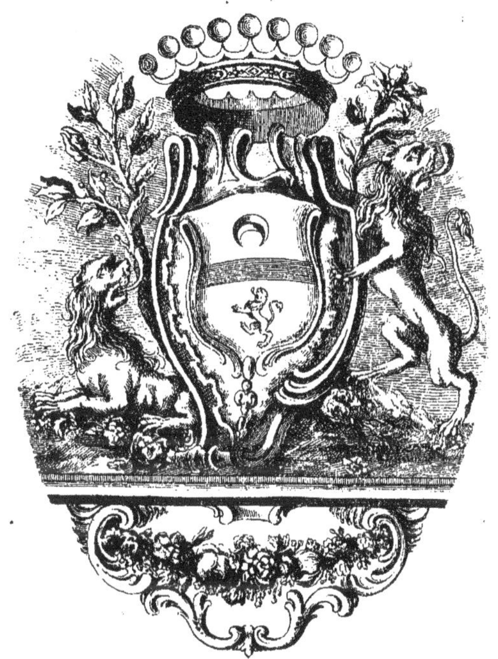

N° 610 du Catalogue.

617. (**Magnard de Saint-Michel**); in-8 ovale en largeur.

618. (**Du Pont d'Esplas**). — Le marquis de NADAILLAC. — de
LAMOTHE, avocat (et médecin) à Bordeaux; 2 pièces. — de LYNCH;
2 variantes. — MICHEL DE LA JONCHÈRE. — (PATAU). — (RUAU DU
TRONCHET). — de THILORIER, gr. par *A. Lavau*, à Bordeaux;
2 variantes. — Ensemble 11 pièces.

ILE-DE-FRANCE

619. **(Colbert de Croissy)** (Charles-Joachim), évêque de Montpellier, gr. par *P. Yver*.
Jolie pièce. — Rare.

620. **(Desmaretz de Maillebois)**, gr. par *(Delafosse)*, d'après *(Eïsen)* ; épreuve coupée au cadre. — L'abbé DESMARETZ, gr. par *Chevalier*. — Ensemble 2 pièces.

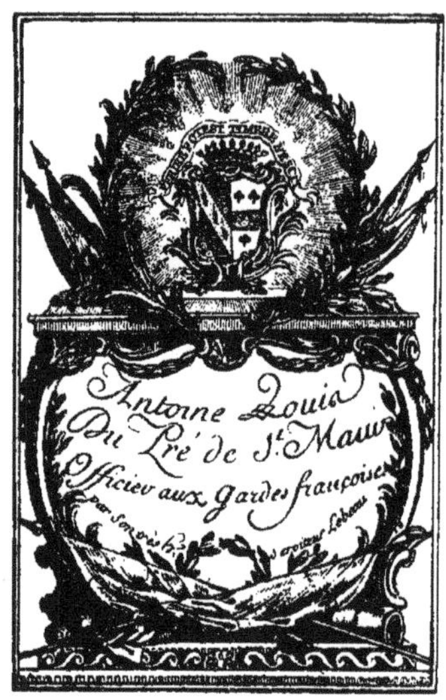
N° 622 du Catalogue.

621. **(Du Pré de Saint-Maur)**, gr. par *(Scotin)* ; petit in-8.

622. **Du Pré de Saint-Maur** (Ant.-Louis), officier aux Gardes françoises, gr. par *Lebeau*. — 2 variantes.

623. **(Ladvocat)** (Louis-François), maître des comptes.

624. **(La Frenaye** (de), gr. par *G.-F. Pergeaux*, 1786.

625. **Lalaure** (Claude-Nicolas), avocat au Parlement de Paris.
Epreuve non découpée, très rare en cet état.

626. **La Live d'Epinay** ; 2 variantes. — LA LIVE DE JULLY. — Ensemble 3 pièces.

627. **Langlois**, directeur des fortifications (du Soissonnais),

628. **Langlois**, citoyen de Paris.
   Pièce révolutionnaire, rare.

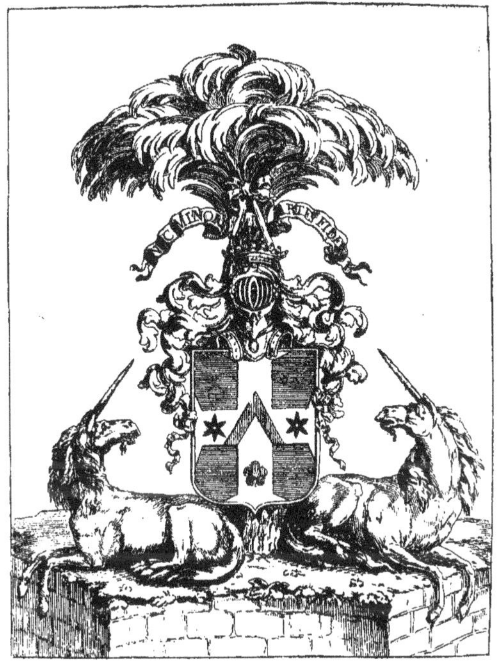

N° 639 du Catalogue.

629. **Larcher** (Michel), (conseiller au Parlement), 1744, gr. par
   Gamot. — 2 variantes in-12 et grand in-8.

630. (**Laverdy**) (Clément-Ch.-Fr. de), accolé de De Vin : in-8.

631. **Lazaristes** de Paris.

632. **Le Féron d'Eterpigny**. — Le Féron de l'Hermite, par *Tardiveau et Le Féron*, à Redon. 1767. — Ensemble 2 pièces in-8.

633. (**Le Fèvre.**)

634. (Le Gendre de Saint-Aubin). — 2 variantes in-12 et in-8.

635. Le Lorrain (Pierre-Robert).

> Epreuve à toutes marges.

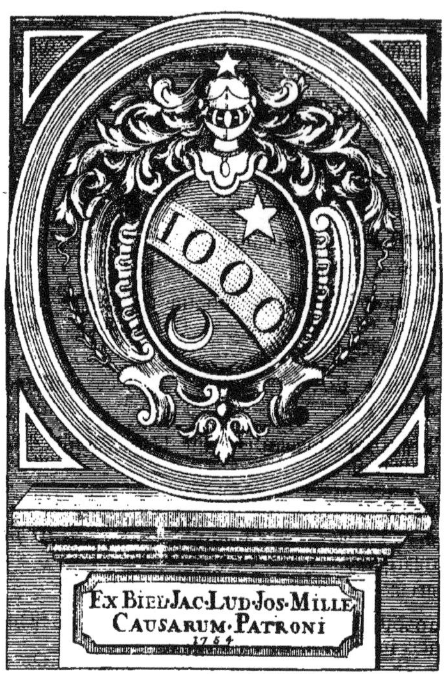

N° 653 du Catalogue.

636. Lemoine, avocat et instituteur de la jeune noblesse (gr. par *Aug. de Saint-Aubin*, d'après *Marillier*). — 3 variantes in-8, in-4 et in-fol.

> Les mots : *Avocat et instituteur de la jeune noblesse* ont été grattés sur la pièce in-folio à l'époque de la Révolution.

637. (Lemoine, avocat et instituteur de la jeune noblesse, gr. par *Aug. de Saint-Aubin*, d'après *Marillier*) : in-folio.

> Rarissime épreuve *avant toutes lettres*.

638. Le Pelletier. — (Le Pelletier de Saint-Fargeau). — Ensemble 2 pièces.

639. (Le Pelletier) ; in-4.
Très rare. — *Voir la reproduction à la page 30.*
Superbe épreuve à toutes marges.

640. Le Prince (P.-N.), conseiller et secrétaire du Roi. — 3 variantes.

641. Le Roy (David), gr. par *Beaumont.*
Epreuve à toutes marges.

642. (Le Roy) ; grand in-8.
Très belle épreuve à toutes marges.

643. (Le Tellier). — 2 variantes.
Pièces dites *au pélican.*

644. (Le Tellier) (Camille), chanoine de l'église de Reims. — Le Tellier de Courtanvaux. — (Le Tellier de Louvois). — Ensemble 3 pièces.

645. (Le Tellier de Louvres). — 2 pièces différentes gr. par *L. Thévenard fils.*

646. Le Thieullier, docteur régent de la Faculté de Médecine de Paris ; petit in-8.

647. (Ligny) (de) ; in-8.

648. Marchand (Prosper), libraire à Paris, par *B. Picart.* 1709 ; in-12 en largeur.
Très jolie pièce. — Rare.

649. (Maupeou) (René-Théophile de), marquis de Sablonnières. — 2 variantes in-16 et in-12 en largeur.

650. Maupoint (Jacques-Bernard), avocat au Parlement de Paris.

651. Mérard de Saint-Just. — Le même, accolé de Challo-Saint-Mard : 2 variantes. — Ensemble 3 pièces, dont une in-8 gr. par *Croisey*

652. Mignot de Montigny ; 3 variantes, dont une in-4, gr. par *Louise Le Daulceur.* — Alex.-Jean Mignot (de Montigny), abbé de Scellières. — Ensemble 4 pièces.

653. Mille (Jacques-Louis-Joseph), avocat au Parlement (de Paris), 1754.—
Très rare. — *Voir la reproduction à la page précédente.*

654. **Millin** (Eleuthérophile), célèbre écrivain et savant antiquaire.
Pièce révolutionnaire, très rare.

655. **Mionnet** (E.-T.), célèbre numismate ; gr. par *Lorthior*.

656. (**Montmorency** (le duc de). — (Le duc de Montmorency-
Laval, accolé de Montmorency-Luxembourg). — Ensemble
2 pièces.

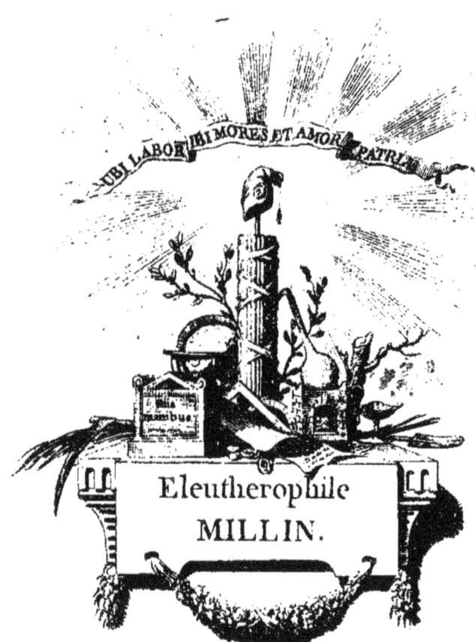

N° 654 du Catalogue.

657. (**Montmorency-Laval**) (Louis-Joseph de), évêque de Metz et
Prince de l'Empire. — 3 variantes, in-12, in-8 et petit in-4.

658. **Montmorency-Luxembourg** (le comte de). — (Ch.-Fr.-
Christian de Montmorency-Luxembourg, accolé de Des Laurents).
— Ensemble 2 pièces.

659. (**Morand**) (Jean-Fr.-Clément), médecin (découpure dans le
cartouche). — (Sauveur-François) Morand, chirurgien ; pièce à
sujet macabre.—Sauveur-Jérôme Morand, chanoine de la Sainte-
Chapelle Royale (étiquette). — Ensemble 3 pièces.

660. (**Moufle de Champigny**), gr. par *P.-F. Tardieu* ; petit in-4.
Très jolie pièce.

661. Noüet (G.), avocat au Parlement de Paris.

Epreuve à toutes marges.

662. (Pajot de la Forest, docteur en médecine). — 2 pièces différentes.

La première pièce est une étiquette gravée renfermant le nom et les titres du titulaire écrits en caractères sténographiques (inventés par Coulon de Thévenot en 1779). — La seconde, beaucoup plus grande, renferme ses armoiries et la même inscription.

663. Parent (J.-B.-Jos.), sieur des Tournelles, conseiller du Roi, auditeur des comptes ; in-8.

664. (Paris (Université de) ; petit in-4, gr. sur bois.

665. Perrichon de Vandeuil (Etienne-Guillaume). — 2 variantes, dont une datée de 1751.

666. (Phélypeaux, comte de Pontchartrain) : in-8. — (PHÉLYPEAUX, duc de La Vrillière), gr. par *Brondes* ; in-4. — Ensemble 2 pièces.

667. Poullain (Antoine), conseiller du Roi et avocat général à la Cour des Monnaies.

668. Rigoley de Juvigny (Jean-Ant.) — (RIGOLEY D'OGNY) ; 2 variantes. — Ensemble 3 pièces.

669. Rolland (d'Aubreuil) (Barth.-Gabriel), 1761. — B.-G. ROLLAND D'ERCEVILLE, gr. par *Stallin*, 1750. — G.-L.-H. ROLLAND D'ERCEVILLE, 1880. — (Louis ROLLAND) DE VILLARCEAUX. — Ensemble 4 pièces.

670. (Rouillé du Coudray). — 3 variantes, dont une par *P.-F. Tardieu*.

671. Saint-Aubin (Charles-Germain de), par lui-même.

Très jolie pièce. — Rare.

672. (Saint-Aubin (G. de), par *lui-même*, avec sa *signature autographe*. — (SAINT-AUBIN), pièce à l'abeille avec la devise : *Legendo*. — Ensemble 2 pièces.

673. (Saint-Edmond) (Bénédictins anglais de), à Paris, gr. par *Strange*, d'après *Ch. Eisen*.

Rare.

674. (Saint-Lazare de Paris). — 2 variantes, dont une in-4 gr. sur bois par (*Papillon*).

675. Saint-Lazare (Grands et jeunes pensionnaires de). — 2 variantes.

La deuxième pièce est légèrement détériorée.

676. (Saint-Louis) (Ordre Royal et Militaire de), 1722.

Très rare.

677. Saint-Ouen (Confrérie de), gr. par *Stallin fils*, 1753.

678. Sauvage (Pierre).

Très rare.

679. Sauvion (de), président (à la Cour des Aides), gr. par *M. L.*

680. (Savalette) de Buchelay. — 2 variantes, dont une tirée petit in-4.

681. Talon (Ant.-Omer), (avocat au Châtelet de Paris).

Très jolie pièce.

682. Tauxier (Joseph), avocat (au Parlement de Paris).

683. Tourmont (Henry-Pierre de), conseiller au Grand Conseil.

684. (Tourres ?) (de) ; pièce de forme ronde.

685. Varnier (Jean-François), greffier en la Chambre des Requêtes ; petit in-4.

686. Villiers de la Berge (de), substitut de M. le Procureur général, 1766. gr. par *Poletnich*. — Le Citoyen Marc-Étienne VILLIERS (DU TERRAGE) ; étiquette de la période révolutionnaire. — Ensemble 2 pièces.

687. (Larcher). — (LE BRUN DE NEUVILLE). — (LE GENDRE) DE VILLEMORIEN, gr. par *R. B.* 1739. — Claude-René LE LONG. — (J.-B.-Nic.) LE LONG. — MARSOLLIER DES VIVETTIÈRES. — (MARTIN) DE VAUCRESSON, gr. par *Beaumont* ; 2 variantes. — MAYNON DE FARCHEVILLE. — MENNESSON. — C.-J.-L. et P.-L.-N. de MEULAN ; 2 variantes. — MIGNON. — Louis MILLIN DE GRANDMAISON. — Pierre-Alex. de MOHR, 1767. — Ensemble 14 pièces.

688. (Morel de la Brosse). — (du MOULINET D'HARDEMAR), gr. par *L. Fruytiers*. — NERET ; 2 variantes. — (NEYRET DE LA RAVOYE). — de NICOLAY. — J.-Cl.-Anth. RÉCAMIER. — ROUSSEL DE ROQUENCOUR ; 3 variantes. — SECOUSSE : 3 variantes. — SILVESTRE DE SACY. — de SOBRY. gr. par *Barrière*. — Ensemble 15 pièces.

689. (Talon). — (TESTU DE BALINCOURT). — THIERRY DE VILLE D'AVRAY ; 2 variantes, dont une gr. par *Colinet*. — TITON D'ORGERY. — TITON DE VILLOTRAN. — Nic.-Louis TOURNAY. — Fr. TOUVENOT. — TRUDON DE ROISSY. — TRUDON DU TILLEUL. — J.-O. VALLÉE, gr. par *Beaumont*, 1730. — (de VION DE GAILLON). — Jos. XAUPI, gr. par *Avisse*, 1730 : 2 variantes. — Ensemble 14 pièces.

LANGUEDOC

690. (**Auderic de Lastours**), par *Baumès*.

691. **Cambon** (François-Tristan de), évêque de Mirepoix, par *J. Mercadier*. — 2 variantes petit in-4 et in-folio.

692. **Lambel**.

   Pièce révolutionnaire, très rare.

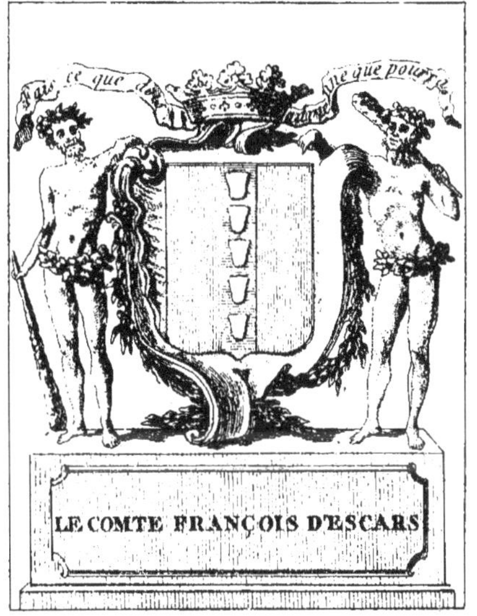

N° 698 du Catalogue.

693. **Mocquet** (A.-B.), abbé de Doué (abbaye de Prémontrés, près du Puy en Velay).

694. **Ollivier** (André), prêtre, gr. par *Chalmandrier*. — 2 états.

695. (**Polignac**) (le marquis de), mestre de camp ; 2 variantes. — (POLIGNAC accolé de...) in-8 ; 2 variantes. — Ensemble 4 pièces.

696. (**Polignac**) (le cardinal Melchior de), archevêque d'Auch.

697. **Puech**, gr. par *Baumès*.

LIMOUSIN.

698. (**Perusse**) **d'Escars** (le comte François de).

699. (**Volvire**) (de), gr. par *Duflos* ; grand in-8 en largeur.
Superbe épreuve à toutes marges.

700. **Voyon** (de), (conseiller au Présidial et sénéchal de Limoges).

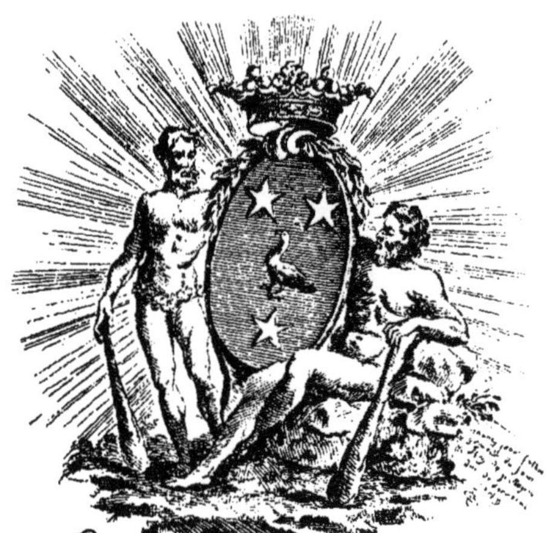

Nᵒ 703 du Catalogue.

LORRAINE.

701. (**Bouzey**) (Jean-Claude de). doyen de l'église primatiale de
Lorraine, abbé de Belchamps, gr. par *Nicole*, à Nancy, en 1750.
— 2 variantes in-12 et in-4.

702. **Estival** (Abbaye d'), de l'ordre des Prémontrés, diocèse de
Saint-Dié, gr. par *Nicole*, à Nancy, 1735.

703. **L'Aubrussel** (Jean-Bapt.-Fr.-Jos. de). chevalier, seigneur de
Mont-Richard, conseiller au Parlement de Metz, gr. par *Collin*,
à Nancy.
Pièce rarissime dont on ne connaîtrait qu'un seul autre exemplaire.

704. (**Marcol**) (de), gr. par *F.-J. Van Merlen :* petit in-8.

Ex-libris d'un ecclésiastique qui n'a pu être identifié par MM. A. de Mahmet et Ed. Des Roberts dans leur ouvrage sur les *Ex-libris Lorrains.*

705. (**Massu de Fleury**) (Charles-Léopold), abbé de Belchamp, gr. par *A. Houat l'aîné* ; petit in-4.

706. **Seichamps** (l'abbé de), gr. par *Nicole*, à Nancy, 1747 ; in-8.

MAINE. ANJOU

707. (**Des Mazis de Boinville**) (le chevalier)

708. (**Le Clerc de Juigné**) (Ant.-Eléonor-Léon), archevêque de Paris. — Le marquis de JUIGNÉ. — Ensemble 2 pièces.

709. (**Le Fèvre de la Fontardière**) (R.-Urbain-Emm.), lieutenant au Régiment de Limousin ; in-32.

Pièce très rare et l'un des plus petits ex-libris anciens connus ; il ne mesure en effet que 28×26 mill.

710. **Le Prince** (J.-Bt-H.-M.), au Mans et Mme née Godard d'Assé. — Charles-Louis LE PRINCE DE BEAUFOND et Mme née Foacier. — Ex-libris étiquette ayant servi au même pour cacher son ex-libris armorié pendant la Révolution. — Ensemble 3 pièces.

711. **Rouillon** (Pierre-Daniel-Fr. Nepveu, seigneur de), (lieutenant de vaisseau).

Curieuse pièce.

712. (**Savonnières**) (Timoléon-Madelon-François, marquis de), mestre de camp ; in-8.

713. (**La Goupillière**) DE DOLLON. — (LE MARIÉ). — (Oratoire du MANS). — de MARIDORT, par *Chabany*. — (MARTIN). — MÉNAGE DE PRESSIGNY — NÉGRIER DE LA CROCHARDIÈRE. — (NEVEU). — de NEVEU DU PLESSIS-DORIN. — de ROBETHON. — Nic. ROBILLARD, 1724. — (Mme de ROCHER DES PERRÈS). — (Prieuré de SAINT-JACQUES DE LA FLÈCHE). — Jean TROCHON. — Ensemble 14 pièces.

NIVERNAIS

714. (**Lamoignon**) (Guillaume de), premier président à la Cour des Aides et Chancelier de France ; gr. par *Brondes*. — 2 variantes in-4.

715. **Nevers** (Saint-Étienne de).

Epreuve à toutes marges.

716. **Pucelle** (René), abbé de Saint-Léonard de Corbigny. — 2 variantes, dont une anonyme gr. par *Tardieu fils*.

ORLÉANAIS

717. La Cour (Michel de). — 2 variantes dont une in-8, gr. par *P. R.*, 1727.

718. (Lambert de Cambray), gr. par *P. Q. C. (Pierre-Quintin Chedel)*.

719. (Lattaignant) (Fr.-Louis de), seigneur de Bainville, au pays Chartrain.

720. Le Conte de Bièvre (J.-J.-F.).
Epreuve à toutes marges.

721. (Loménie) de Brienne.
Ex libris de Louis-Marie-Athanase de Loménie de Brienne, maréchal des camps, ministre de la guerre, dernier du nom.
Epreuve à toutes marges.

722. Marescot de Challay (de).
Rare.

723. (Ollier).
Rare.

724. Perrault (François), curé de Praville, en Beauce, gr. par *Le Tillier*, en 1764 ; grand in-8.
Jolie pièce avec le portrait du titulaire.

725. (Petau ?).
Ex-libris militaire, gravé à l'eau-forte, également attribué à Belin de Chenecey.

726. (Poilloue de Saint-Mars) (de).

727 Prunelé (Parfaict de), seigneur de Thignonville.

728. Des Ligneris. — Du TEMPLE. — (de MAUBUISSON). — de SAUSIN, évêque de Blois ; étiquette. — (DE VIRMEUR) DE ROCHAMBEAU. — Ensemble 5 pièces.

729. (Tassin). — TASSIN-BAGUENAULT. — TASSIN DE LA RENARDIÈRE : 2 variantes. — TASSIN-SEURRAT. — Ensemble 5 pièces, dont deux au pochoir.

PICARDIE

730. (La Mothe-Houdancourt) (Louis-Charles, marquis de), gr. sur bois.

731. Larcher (Claude-Thomas), conseiller du Roi au Parlement de Péronne, 1761.
Rare.

732. **La Sone** (de). — 2 variantes, dont une in-4, anonyme et très rare.

733. (**Lattaignant**) (de). — 2 variantes.

734. **Laurent de Lionne.** — 3 variantes, dont une par *J.-B. Derisse*, 1783.

735. (**Le Fèvre de Caumartin**) (François), évêque d'Amiens ; gr. sur bois.

    Très rare.

736. (**Le Fèvre de**) **Caumartin,** évêque de Blois ; 3 variantes — (Alex.-Louis-Fr.) de Caumartin (abbé de Saint-Saëns). — (Louis-Urbain de Caumartin, marquis) de Saint-Ange. — (Ant.-Louis-Fr. de Caumartin, marquis) de Saint-Ange, gr. par *C. Baquoy*. — Ensemble 6 pièces.

737. (**Mailly**) (de). — 2 pièces in-12 et in-4.

738. (**Mons d'Hédicourt**) (de) : petit in-8.

739. **Morel,** conseiller du Roi au baillage et siège présidial de Soissons.

    Très rare.

740. **Petit** (François et Henri), médecins à Soissons ; 4 variantes. — J. Petit, conseiller au présidial de Soissons ; 2 pièces. — Ensemble 6 pièces.

741. **Pille** (Florent de), chanoine de l'église de la Bienheureuse Vierge Marie de Nesle, en Picardie : in-8.

    Pièce fort rare et des plus curieuses.

742. **Pingré** (Em.-Ant.). — Jean-Bapt. Pingré, chanoine de la cathédrale d'Amiens : 2 variantes, dont une restaurée. — Pantaléon Pingré de Fricamps. — Ensemble 4 pièces.

743. (**Rouvroy de Saint-Simon**) (Claude de). — Albert Rouvroy (de Saint-Simon), gr. par (*Durig*). — Victor de (Rouvroy) de Saint-Simon Vermandois (1782-1865). — Ensemble 3 pièces.

744. (**Sachy**) **de Carouges** le fils, accolé de..., gr. par *Hennequin.*

    État très rare, cette pièce se rencontrant toujours sans le nom du titulaire.

745. **Sanson.**

    Épreuve à toutes marges.

746. **Terray** (Joseph-Marie), conseiller au Parlement (ministre et secrétaire d'État). — (Pierre) Terray, maître des Requêtes, 1772 et procureur général de la Cour des Aides : 2 variantes. — Terray, intendant de Lyon. — Ensemble 4 pièces.

747. (**Trudaine de Montigny**), ministre de Louis XVI, gr. par
Berthault d'après *Le Sage* ; petit in-12.

748. (**Vincent de Tournon**), par *Joseph*.

749. (**Baudart**). — Du Moustier de Vatre ; 2 pièces. — de La Con-
damine ; timbre de bibliothèque. — (de La Fons) de la Plesnoye ;

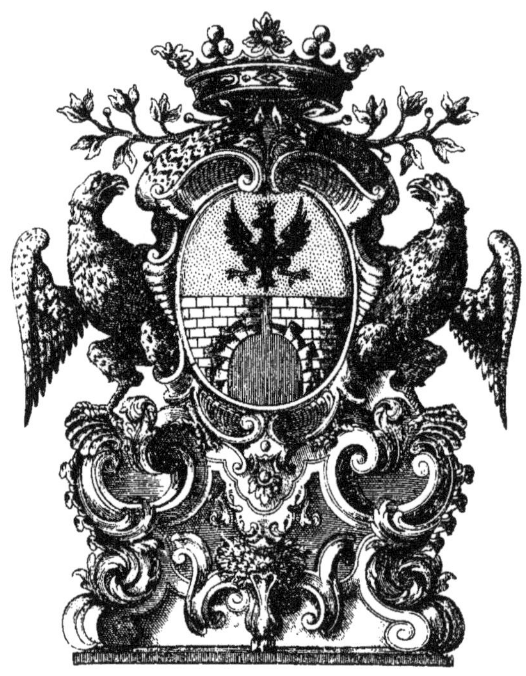

Nᵒ 732 du Catalogue.

étiquette. — Le Boucher de Richemont. — Le Febvre du Gros-
riez : 2 variantes. — Le Ver : 2 pièces. — de Lignières de Bommy.
— Adrien Maillart. — Ensemble 12 pièces.

750. **Mennesson**. — (Morgan). — (d'Ourmel de la Guittonnière).
— (Petyst de Morcourt). — (de Ponthieu). — Poulletier, 1772.
— Sangnier d'Abrancourt, gr. par *Louise Du Vivier-Tardieu*. —
Savary, 1756. — (de Trousset) d'Héricourt. — Tupigny de Cau-
vry : ex-libris militaire. — Ensemble 10 pièces.

POITOU

751. (**La Tour**) (de) ; in-8 ovale en largeur.
   Très rare.

752. (**La Trémoille**) (Ch.-Armand-René, duc de). — 2 variantes.

PROVENCE

753. (**Croze-**) **Lincel**. gr. par *Brupacher*.
   Curieuse pièce avec emblèmes maçonniques.
   Légère restauration dans la marge extérieure.

754. **Normandeau** (André-Alex.), docteur médecin (à Avignon).
   — 2 variantes in-12 et in-4.

TOURAINE

755. (**Le Nain**) (Jean), maître des Requêtes, intendant de Poitiers
   puis du Languedoc, gr. par *Jér. Vallet*, 1716 ; petit in-8 en largeur.

756. **Musset-Depatay** (Victor et Louise de).
   Ex-libris rare du père et de la tante du célèbre poète Alfred de Musset,
   avec la devise : *Amicitia et natura conjuncti*.

757. (**Richelieu**) (Emmanuel-Armand de), duc d'Aiguillon. —
   3 variantes.

758. **Touraine** (Bibliothèque du Régiment de) ; étiquette avec en-
   cadrement et armes royales.

759. (**Trezin**) **de Cangey**, gentilhomme ordinaire de la Chambre
   de Mgr. le Comte d'Artois.

760. (**Voyer**) **d'Argenson** (de). — 6 variantes.

761. **Laleu** (de), gr. par *Fr. Montulay*, 1754: in-8. — (Mathé). —
   Fr.-Joseph Ménage de Mondésir. — (Aug.-Louis de Montblanc),
   coadjuteur de Tours. — Papion. — de Romand (XIXe siècle). —
   (Sain) des Arpentis ; étiquette. — Salmon de Maison-Rouge. —
   Ensemble 8 pièces.

PROVINCES DIVERSES

762. (**Dauphin-Infanterie**) (Régiment du) ; in-12.

763. **Dauphin-Infanterie** (Régiment du), gr. par le *chevalier de
   Pujol* : in-8 en largeur.

764. Dauphin-Infanterie (Régiment du), gr. par (*le chevalier de Pujol*).

Epreuve avant toutes lettres, de la plus grande rareté.
Voir la reproduction à la page 17.

765. Dauphin-Infanterie (Régiment du), gr. par *Traiteur fils* ; grand in-8.

Epreuve coupée au cadre.

766. Denon (Vivant), célèbre artiste ; gr. à l'eau-forte *par lui-même*, à Venise, en 1790.

767. (Du Lau) d'Allemans. — 2 variantes, dont une anonyme in-8 ovale en largeur.

768. Du Pavillon.

769. Du Plessis de la Brosse (Jérôme).

770. Du Verdier de Vauprivas (le chevalier), Roi d'Armes de France.

771. (Fuligny-Damas) (Marie-Gabrielle de), comtesse de Rochechouart, gr. par *Cl. Roy* ; in-12.

Variété beaucoup plus rare que l'in-4.

772. Lacoche, ingénieur ordinaire du Roy.

773. La Coste (Philippe de), (chanoine de l'église de Saint-Pierre des Arcis), par *Houat*.

774. La Gardie (de), gr. par *F. Ren*.

775. La Guillaumye (de).

776. La Hamayde (François de).

777. Lally-Tolendal (le comte Trophime-Gérard de), fils du célèbre gouverneur des Indes françaises, député aux Etats-Généraux, puis ministre d'Etat de Louis XVIII ; in-8.

778. La Montagne (F. G.-P.), prêtre.

779. L'Ange de la Maltière ; in-8.

780. La Nouë (Jean de), accolé de...

Belle épreuve à toutes marges.

781. Launay (Nic.-Ch. de).

Epreuve à toutes marges.

782. Laurent (Isnard).

783. Laus de Boissy. — 3 variantes, dont une in-8.

784. **Laussat** (Jean-Gratien), par *Baour*.

785. **Lautour-Montfort**.
Epreuve à toutes marges.

786. **Le Bastier** (Jean-Mathieu), huissier de la Chambre du Roi, gr. par *Moitte* ; in-8.

787. (**Leblanc**) (l'abbé), gr. par *C.-O. Galinard*, d'après *Cochin fils*.
Belle épreuve à toutes marges.

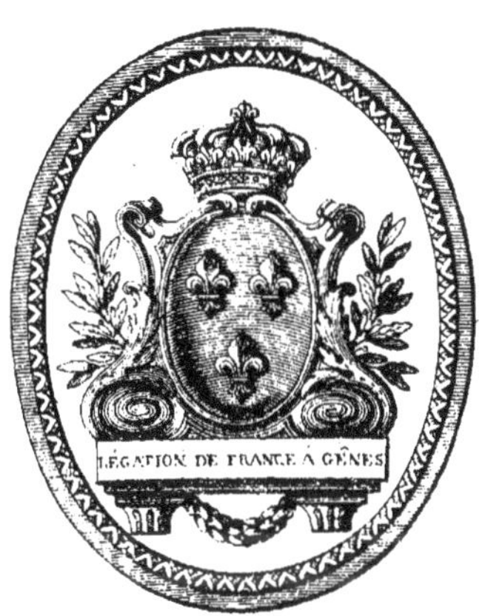

N° 793 du Catalogue.

788. **Le Boiteulx** (Charles). — Jean-Baptiste Le Boiteulx ; 2 variantes. — Ensemble 3 pièces.

789. **Le Camus de Néville**, maître des Requêtes. — 2 variantes in-16 et in-8.

790. (**Ledesma**) **de Saint-Elix** (le baron). — 2 variantes, dont une anonyme.

791. **Le Dru** (Jacques-Philippe), docteur-médecin. — 6 variantes.

792. **Lefournier** (Claude-François).

793. **Légation de France** à Gênes.
Très rare.

794. **Le Meteyer**, s(ecrétaire) du Roy ; gr. sur bois.

795. **L'Epinay** (de). — 2 variantes dont une, très rare, anonyme.

796. **Le Tual** (docteur-médecin), gr. par *Biosse* ; in-8.
Curieuse pièce. — Rare.

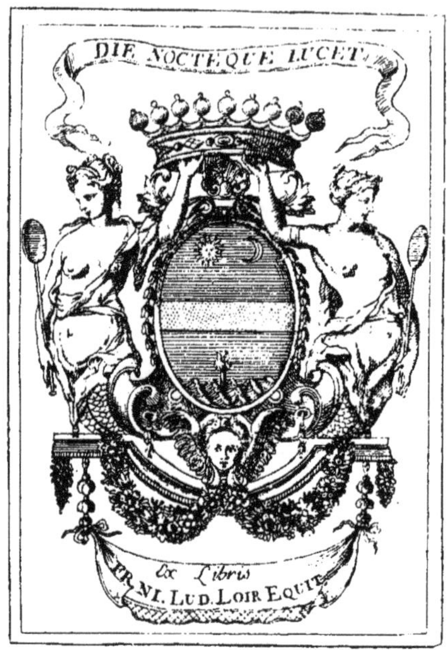

N° 799 du Catalogue.

797. **Le Vassor de la Touche,** gr. par *J. Ingram*, d'après *C. N. C.* (*Cochin*).
Rare.
Belle épreuve à toutes marges.

798. **(Locastel.)**

799. **Loir** (le chevalier Fr.-Nic.-Louis).
Rare.

800. **Lorme** (de), gentilhomme ordinaire du Roy, gr. par *E. Stallin*.

801. **Louis** le fils. — 2 variantes.

802. Maine (P.-T.).

803. Malomon (de). — Jean-Bapt.-Louis de MALOMON, gr. à l'eau-forte *par lui-même*. — Ensemble 2 pièces.

804. Marcombe (Joseph de). 1778.
> Epreuve à toutes marges, avec le nom du titulaire manuscrit.

805. Masson ; avec la devise : *Nostra omnis philosophia de portieu Salomonis est...*, in-8.

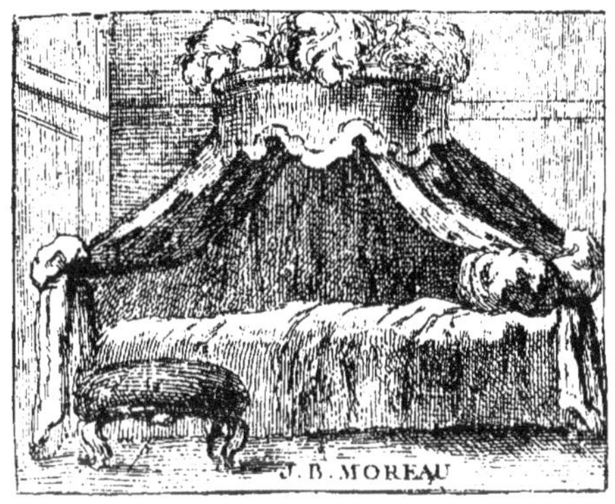

Nº 810 du Catalogue.

806. (Mayeux.)
> Curieuse pièce à rébus.

807. Meheust.
> Rare.

808. (Mesplez) (le marquis de), en Béarn.

809. Mondolot. gr. par *Meunier*, d'après *Campanon* ; in-8.

810. Moreau (J.-B.).
> Curieuse pièce.

811. Muchembled : in-12 en largeur.
> Très curieuse pièce avec armes parlantes.
> Epreuve à toutes marges.

812. Naquet. avec la devise *Amavi* ; petit in-8, gr. sur bois.

813. **Nera**.

Epreuve tirée à la sanguine.

814. **Odile** ; 2 variantes. — (ODILE) DE MANNECOURT. — Ensemble 3 pièces.

815. **Pasquier de Wardanche** (Pierre-Lucas-François), prêtre ; in-8.

816. (**Perrin de Monthéron**.)

Le nom du titulaire est manuscrit.

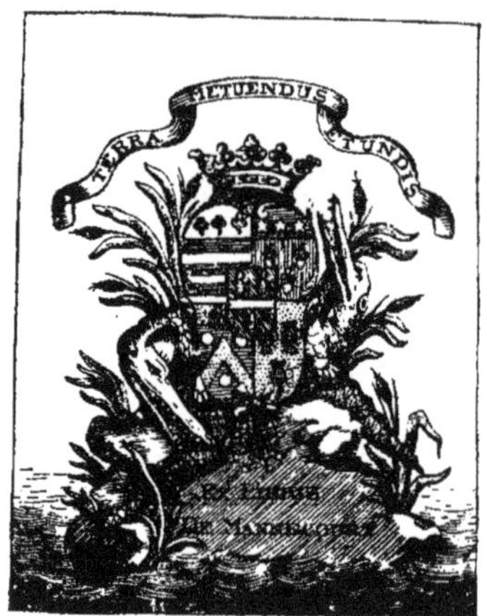

N° 814 du Catalogue.

817. (**Pignatelli d'Aragon**, accolé de Pignatelli d'Egmond). — (PIGNATELLI D'EGMOND). — Ensemble 2 pièces.

818. **Pigné de Montchevrel** ; petit in-8.

819. **Pitra** (Guillaume), 1742.

820. **Quatremère**.

Curieuses armes parlantes.

821. **Quentin de Morigny** ; petit in-8.

822. **Richer**.

Epreuve à toutes marges.

823. **Roualle du Boisgiloust** (François-Paul), conseiller au Grand Conseil ; grand in-8.

Très rare. — *Voir la reproduction à la page 49.*

824. Royer (J.-Bapt.).

825. Royer-Dupré (J.), directeur des Contributions directes.
Charmant petit intérieur de bibliothèque.

826. Saint-Aubin (de), lieutenant-général d'épée.

827. Saint-Jory (le chevalier de).

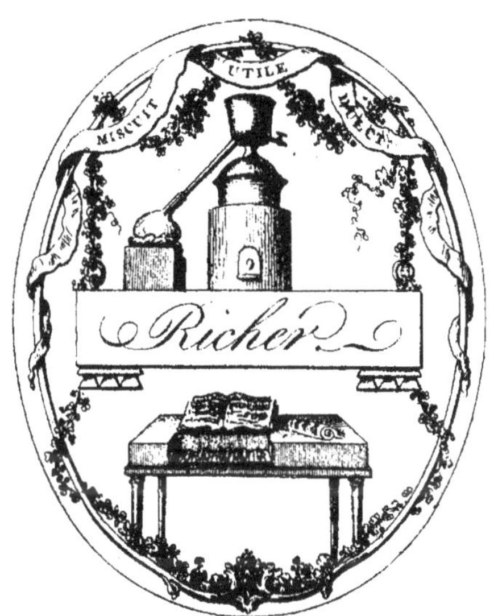

N° 822 du Catalogue.

828. Samin (Pierre), gr. par *M. Aubert*.
Curieuse pièce, très finement gravée, avec l'écu reposant sur des livres et
la devise : *A l'Agneau bénédiction, honneur, gloire et l'empire. Amen !*

829. Sanlot. — 2 pièces in-12, dont une *avant la lettre* accolée de
SAVALETTE.

830. Sanlot de Bospin : fermier général, administrateur général
des Domaines, et Rue Le Pelletier. — 3 variantes.

831. Saulle (de).

832. (Séguier) (de), dessiné et gravé par *C. Gaucher*.

833. Silva, maître des requêtes. — 3 variantes, dont une *avant la lettre*.

834. Simon (Jules-Hubert), prêtre, gr. par *M.-Françoise Diemare*, 1768.

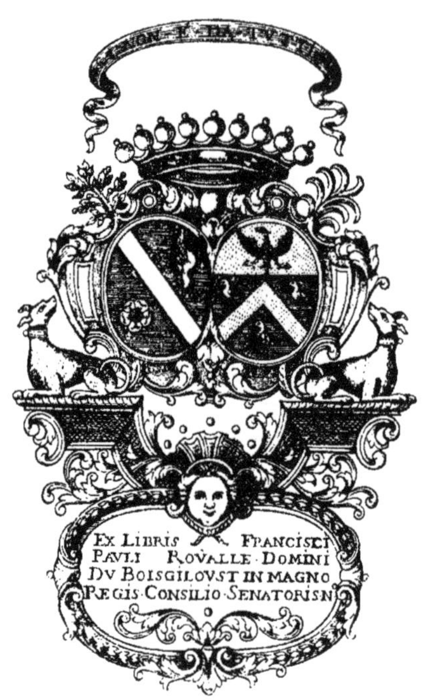

Nᵒ 823 du Catalogue.

835. (Sobrecassas) (de).

Jolie composition.
Épreuve avec le nom du titulaire gratté, comme toujours.

836. Souchay (directeur de l'École de dessin) de Lyon, gr. par *Choffard*, d'après *C. Monnet*, en 1776 : in-8.

Pièce très recherchée.

837. **Talegrand** ; in-8.
Jolie pièce.

838. (**Thiballier** ?) ; petit in-8 en largeur.

839. **Thibault** (H.-G.).

840. **Thiéry** (Jean-Joseph), gr. par *F. Lallemand*, 1745 ; in-8.
Épreuve à toutes marges.

841. **Tousard** (le Chevalier), gr. par *H. Avril.*
Ex-libris militaire de la plus grande rareté.

842. **Triboudet** (Jacques-Henri), gr. par *Fessard*, d'après *Gravelot*, 1737.
Charmante pièce de la plus grande rareté.
Voir la reproduction sur le titre du Catalogue.

843. **Vallou de Boisroger** (Michel).

844. **Velle de Villette** (Denis de) et J.-M. de VELLE (DE VILLETTE).
— 2 pièces.
Épreuves à toutes marges.

845 (**Vilcardet de Fleury**) ; in-8.
Intérieur de bibliothèque.

846. **Villecroze** (Frédéric de), avocat du Roi.
Belle épreuve à toutes marges.

847. **Villemur** (de). — 2 variantes in-12 et in-8.

848. **Walon**, officier de la Maison du Roi.
Épreuve coloriée.

849. **Willette** (F.), docteur-médecin ; petit in-8.

850. (**Barbezières**), seigneur de la Fenestre. — (DES RIAUX). —
DU LIÈGE ; 2 variantes. — DU ROSNEL ; 2 variantes. — de LA
COSTE. — de LA COUR. — de LA CROPTE DE BOURZAC ; 2 variantes.
— LADEVÈZE. — Jacques LAFFITTE. — (de LAMARCK) ; 2 variantes.
— (de LALEU). — Ensemble 15 pièces.

851. (**La Pinte**) **de Livry**, évêque de Callinique. — Michel LAR-
DET — (de LA TOUCHE DE LOISY). — (de LA TOUR D'AUVERGNE). —
(de LA TOUR DE BARBAZAN). — de LA TOURNELLE. — Fr. LE BRÈTE.
— Étienne LE CORDIER. — LE MARCIS ; 2 variantes. — J.-A. LE
MERCIER. — LE ROY DES BORDES. — (LE ROY) DE JOINVILLE. — LE
SEIGNEUR. — LOGEOIS. — Ensemble 15 pièces.

852. **Le Vacher du Plessis** ; 2 variantes. — de LURDE. — LUSI-
GNAN, gr. par *Beugnet*, 1769. — MAC-MAHON. — (de MAISTRE). —

de Maligny. — de Manscourt. — J. Mars, gr. par *Quillau*, 1752.
— Martinet (nom gratté). — de Masur. — J.-J. Melizet. — Mellarède. — Jacques Merlet. — Merlet, *maréchalle* de camp (*sic*).
— Ensemble 15 pièces.

853. **Michel de Villebois.** — Cl.-Fr. Milet. — J. Molinier. — de
Molo. — (Montaud de Pierrefeu). — (de Montesquiou). — de
Montmeal. — Monvert. — Moreau de Coeffy ; 2 variantes. —

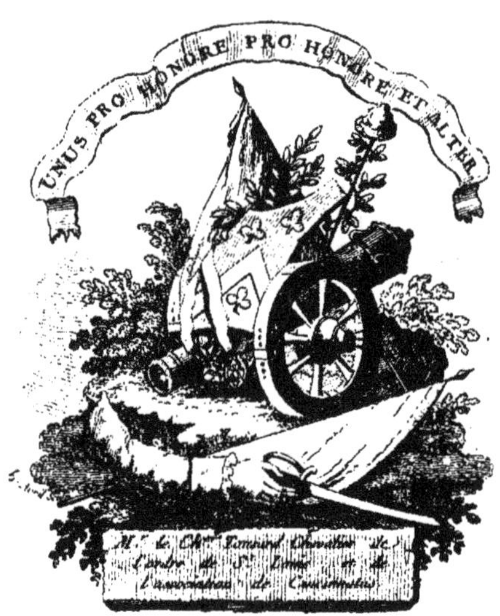

Nº 841 du Catalogue.

(Moreau d'Hémery ; 2 variantes, dont une gr. par *Moreau le jeune*.
— Ant. Moriau. — Moriceau. — Fr. Mouchard, 1732. —
Ensemble 15 pièces.

854. **Mousset** (Laurent-Louis), 1774. — (Joachim Murat), roi des
Deux-Siciles ; 2 pièces. — Musnier de l'Hérable. — (de Nassau-Vianden), gr. par *Pinot fils*. — Neveu, architecte, 1760. — Bᵒⁿ de
Noirmont. — D.-Ch. Odier. — Th. Pagan. — Th. Pagez. — (Le
marquis de Paix-de-Coeur). — Pasquier de Messange, 1792. —
Ant.-Jacq. Patu, gr. par *lui-même*. — J.-E. de Payan — Jacques
Pérard, gr. par A. C. 1735. — Ensemble 15 pièces.

855. **Perdrier.** — de Perratierre. — (Perrot?), gr. par *Glomy*. —
(Petit de Maubuisson). — Petitot. — Jos.-Ant. Petitti de

RORET. — PETROZ, docteur-médecin. — PICHAULT DE LA MARTI-
NIÈRE, premier chirurgien du Roi; in-8. — PINSEAU DE LA MENAR-
DIÈRE. — de POLIER. — PONTOIS. — PORCHON DE BONVAL. —
(POUYAT ?). — PRÉVOT DE LA TRIMOUILLE. — Jean-Marin PROUST.
— Ensemble 15 pièces.

856. **Pruvost**. — (PUJO) DE LA FITOLE. — RAMADIER. — RAYMOND
DE PRINGY ; 2 variantes. — J. Fr.-J. REGNAULT. — A.-G. RETIF.
— de REUVE. — RICHARD, gr. par *Bellotty*, — Michel de RIOULT
D'ESTOUY, gr. par *C. D.* 1736, — ROBILLIARD ; 2 variantes. — Jean-
Fr. RONDÉ. — (de RONGSAVE ?). — Nic. ROSÉ DE CHAMPAVERT. —
Ensemble 15 pièces.

857. **Rousseau (de Saint-Philippe)**. — ROYER DES GRANGES. —
Fr.-P. ROZAN. — A. de SAINT-CHAMANS : 2 variantes. — (SAINT-
GEORGES DE VÉRAC). — P.-H. de SAINT-PÈRE. — de SAINT-VINCENT.
— (de SARTINE). — SAUSSAYE. — de SAVENELLE DE GRANDMAISON.
SÉJOURNÉ. — de SEPT-FONTAINES. — de SERPES. — Ensemble
14 pièces.

858. **Serres** (Aug.-J.-Pierre). — SICARD. — SOLIER. — SORBERIO.
— (de TALLEYRAND-PÉRIGORD) ; 2 variantes. — Louis TASCHER DE
LA PAGERIE. — de TEXIER. — (THIRION DE HEILLEY). — Ch.-Fr.
THOMAS. — Louis THOMAS. — (TOULLET DE MAISON), gr. par
Louise Du V. (*Vivier*) *Tardieu.* — (de TOURDONNET) ; pièce héral-
dique avec étiquette ajoutée. — TREMBLY DE BELLEVERNE. —
Ensemble 14 pièces.

859. **Tilly** (Ch. de). — Simon-Ch. de TUBEUF. — de VALADOUS. —
J. VALLAT, gr. par *Ramel.* — P.-S. VALLON. — Dominique-Marie
VARLET, évêque de Babylone. — Pierre VERNIER. — (de VERTHA-
MON). — de VILLIERS. — de VILLIERS ; 2 variantes. — Louis-Dom.
VINCENT. — VRAYET. — (WITTTSCHY). — Ensemble 14 pièces.

860. **Monogrammes** : C. LE BLANC. — LEGUAY. — (Paul LEROY).
— LE SAGE. — LE SIEUR ; 2 variantes. — J.-F. MACAL. — C.-M.
MAURISSET, gr. par *M.* — (MORELLET). — F. PIGEAU. — J.-B.
PINEL. — POLLET — Pierre ROCHERON. — Ch.-J.-B. SAGER. —
V. SEVREY. — J.-P. SIMON. — Ensemble 16 pièces.

861. **Etiquettes**. — Réunion de 21 pièces, la plupart avec *enca-
drements gravés sur bois.*

DEPLACE. — Ch. DU RUISSEAU. — de LA CROIX D'HOZIER. — (de LA MAR-
THONIE), évêque de Meaux. — LAURENS DE VILLEDEUIL. — J. LE BOYER. —
L'abbé de L'EPÉE ; 2 variantes. — Didier LESAGE. — Jean LOUBRY. — MOREAU
DE MERSAN. — d'ORFEUILLE. — PINET, chirurgien. — Le Père Célestin de
ROMANS, capucin ; 2 pièces. — ROUSSEAU. — Petit Séminaire de SAINT-JEAN
D'ANGÉLY. — de STOUPY. — L'abbé THIRION. — TOUVENOT DE SABLONIÈRE. —
TREMBLEY.

EM. PAUL ET FILS ET GUILLEMIN
Libraires de la Bibliothèque Nationale
28, RUE DES BONS-ENFANTS, 28

OUVRAGES

de Feu M. le Cte Godefroy de Montgrand

Liste des Gentilshommes de Provence qui ont fait leurs preuves de noblesse pour avoir entrée aux Etats tenus à Aix de 1782 à 1789, publiée pour la première fois d'après les procès-verbaux officiels, par le comte Godefroy de Montgrand. *Marseille*, 1860, in-8 de 2 ff. prél. et 57 pp. plus une pl. hors texte, pap. vergé, br.   **1** »

Armorial de la ville de Marseille. Recueil officiel dressé par les ordres de Louis XIV, publié pour la première fois d'après les manuscrits de la Bibliothèque Impériale, par le comte Godefroy de Montgrand. *Marseille*, 1864, gr. in-8 de 1 f. prél. contenant les armes de l'auteur, front. gr. 443 pp. et 2 ff. non ch. papier vélin, *nombreux blasons*, br. . . . .   **5** »

— Le même ouvrage, sur GRAND PAPIER DE HOLLANDE.   **10** »

Généalogie de la Maison de Montgrand dressée sur les titres de famille vers la fin du XVIIe siècle et continuée jusqu'à ce jour d'après les titres et documents authentiques. *Marseille*, 1864, in-8 de 29 pp. et 1 f. non ch. blasons, br. . . . .   **1** »

Histoire Généalogique de la Maison Ruffo, par Filadelfe Mugnos, traduite de l'italien par le comte Godefroy de Montgrand de la Napoule, gentilhomme provençal ; avec annotations et continuation jusqu'à ce jour pour les deux branches napolitaines des princes de Scilla et de Sant'Antimo-Bagnara, suivie de la descendance à partir de Sigérius Ruffo de Calabre de la branche aînée de cette famille, établie en Provence vers la fin du XIVe siècle : le tout accompagné des pièces relatives à la famille Ruffo de Bonneval, marquis de la Fare. *Marseille*, 1880, gr. in-8 de 2 ff. prél. : on ch. et 548 pp. pap. vélin, portr. et front. en couleur hors texte, 5 tableaux généalogiques pliés, *nombreux blasons* dans le texte, br... . . . .   **4** »

— Le même ouvrage, sur GRAND PAPIER DE HOLLANDE de format in-4 . . . .   **9** »

Tous ces ouvrages, imprimés avec luxe, ont été tirés à un très petit nombre d'exemplaires et n'ont pas été mis dans le commerce.

SUISSE

862. Lulin (Amédée), par *B. Picart*, 1722 ;
Très belle pièce, des plus recherchées.

863. Praroman (de), capitaine aux Gardes Suisses, gr. par *Schueler*, 1782.

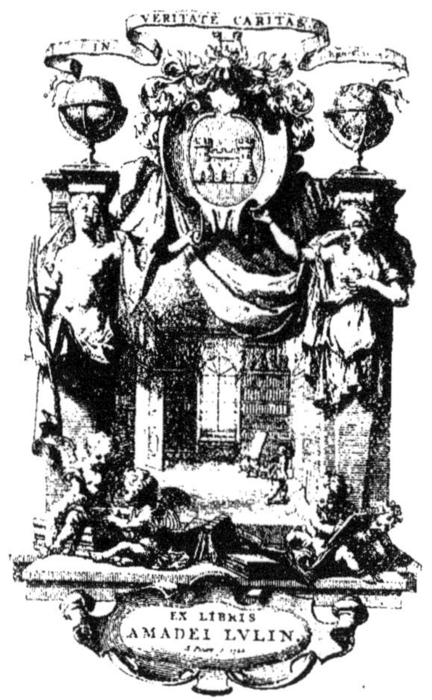

N° 862 du Catalogue.

864. Steiguer, capitaine de Dragons.

865. (Tronchin).
Pièce rare, non citée par Gerster, et d'une composition toute différente de celle de l'ex-libris de Jean-Armand Tronchin.

866. Du Pan Sarrasin. — Le Resche. — de Luze. — Louis de May. — (de Meuron). — Félix Meyer. 1768, gr. par *R. S. B.* — Naville, gr. par *R. (Robin)*. — Compagnie des pasteurs de Neuchatel. — Perrin, ministre protestant. — Samuel-Théod. Porta. — Ensemble 10 pièces.

867. **Rieu** : in-8. — J.-L. Robillard, gr. par *C.-G. Geissler* à
Genève. — (Rosselet, docteur-médecin). — (Rosset), gr. par
Brupacher. — (Société de l'Harmonie de Schaffhouse). —
G. Sellon d'Alaman. — (de Stael). — (Steiger). Fr.-Rod. de
Tavel. — (de Watteville). — Ensemble 10 pièces.

BELGIQUE. ALLEMAGNE. ANGLETERRE, ITALIE

868. **Gages** (le marquis du Mont de). — (Rubempré de Mérode).
— de Superville. — Rédemptoristes de Tournai: étiquette. —
(Van Mols). — Aug.-Stef. ab Lepsing. — (Martels). — Fréd.
Nicolai ; 3 variantes in-8 et gr. in-8. — Gaspard de Nigris. —
(Duc de Reichstadt). — (Middleton). — (Nicolson de Nicolson).
— Henri Phillips, par *Montulay*, 1764. — Arthur Young. —
(Raimondi). — Tesini. — (Thiene del Cane). — Ensemble
19 pièces.

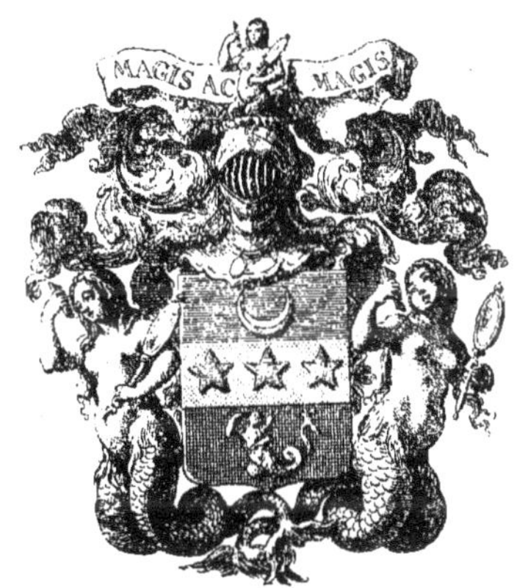

No 564 du Catalogue.

N° 1337-XVI